fy nodiadau **ad⏻lygu**

CBAC: TGAU
GWYDDONIAETH

Jeremy Pollard
Adrian Schmit

HODDER
EDUCATION
AN HACHETTE UK COMPANY

Fy Nodiadau Adolygu
CBAC: *TGAU Gwyddoniaeth*
Addasiad Cymraeg o *my revision notes WJEC GCSE Science*
Noddwyd gan Lywodraeth Cymru
Cyhoeddwyd dan nawdd Cynllun Adnoddau Addysgu a Dysgu CBAC

Mae'r deunydd hwn wedi'i gymeradwyo gan CBAC ac mae'n cynnig cefnogaeth ar gyfer cymwysterau CBAC. Er i'r deunydd fynd trwy broses gwirio ansawdd CBAC, y cyhoeddwr sy'n llwyr gyfrifol am y cynnwys.

Hoffai'r cyhoeddwyr ddiolch i'r canlynol am ganiatâd i atgynhyrchu deunydd hawlfraint:
t.25 Erthygl 'Dicter oherwydd cronfa ddata DNA' o http://www.walesonline.co.uk/news/walesnews/2008/01/16/outrage-over-dna-database-91466-20354577/ (16 Ionawr 2008) Atgynyrchwyd gyda chaniatâd Media Wales Ltd; **t.51** Dyfyniadau o'r New Scientist Mehefin 2006.

Cwestiynau o hen bapurau arholiad wedi'u hatgynhyrchu gyda chaniatâd CBAC.

Diolchiadau am ffotograffau:
t.8 Eye Ubiquitous/Rex Features; **t.10** © Alonbou – Fotolia.com; **t.33** *y ddau* Becca Law; **t.37** © blickwinkel/Alamy; **t.43** © Alexander Raths – Fotolia; **t.51** © Cristiana Ceppas/Alamy; **t.101** Jane Songhurst – Fotolia.

Er y gwnaethpwyd pob ymdrech i sicrhau bod cyfeiriadau gwefannau yn gywir adeg mynd i'r wasg, nid yw Hodder Education yn gyfrifol am gynnwys unrhyw wefan y cyfeirir ati yn y llyfr hwn. Weithiau, mae'n bosibl dod o hyd i dudalen we a adleolwyd trwy deipio cyfeiriad tudalen gartref y wefan yn ffenestr LlAU (*URL*) eich porwr.

Archebion: cysylltwch â Bookpoint Ltd, 130 Milton Park, Abingdon, Oxon OX14 4SB. Ffôn: (44) 01235 827720. Ffacs: (44) 01235 400454. Mae'r llinellau ar agor 9.00–17.00 o ddydd Llun i ddydd Sadwrn, ac mae gennym wasanaeth ateb negeseuon 24 awr. Ewch i'n gwefan yn www.hoddereducation.co.uk

© Adrian Schmit a Jeremy Pollard 2012 (Yr argraffiad Saesneg)
Cyhoeddwyd gyntaf yn 2012 gan
Hodder Education
An Hachette UK Company,
338 Euston Road
London NW1 3BH

© CBAC 2013 (yr argraffiad hwn ar gyfer CBAC)

Rhif argraffiad	5	4	3	2	1
Blwyddyn	2017	2016	2015	2014	2013

Llun y clawr © PASIEKA/Science Photo Library
Darluniadau gan Barking Dog Art
Cysodwyd mewn Cronospro-Lt 12 pwynt gan Datapage (India) Pvt. Ltd.
Argraffwyd yn India
Mae cofnod catalog y teitl hwn ar gael gan y Llyfrgell Brydeinig
ISBN 978 1 444 181517

Sut i wneud y gorau o'r llyfr hwn

Bydd y llyfr hwn yn eich helpu chi i adolygu cynnwys manyleb newydd TGAU Gwyddoniaeth CBAC. Gallwch chi ddefnyddio'r rhestr cynnwys ar dudalennau 4 a 5 i gynllunio eich gwaith adolygu fesul pwnc. Ticiwch bob blwch ar ôl i chi:

1 adolygu pwnc a'i ddeall

2 profi eich hun

3 gwirio eich atebion ar lein.

Gallwch chi hefyd gadw trefn ar eich gwaith adolygu drwy roi tic yn erbyn penawdau pob pwnc drwy'r llyfr. Efallai y byddai o gymorth i chi ychwanegu eich nodiadau eich hun wrth i chi weithio drwy bob pwnc.

Ticiwch i dracio eich cynnydd

Haen uwch

Mae rhai rhannau o fanyleb CBAC yn cael eu profi ar bapurau arholiad haen uwch yn unig. Mae stribed goch a melyn i lawr ochr y dudalen yn amlygu'r adrannau hyn.

Awgrymiadau arholwr

Mae awgrymiadau arholwr yn ymddangos drwy'r llyfr i egluro sut gallwch chi wella eich gradd derfynol.

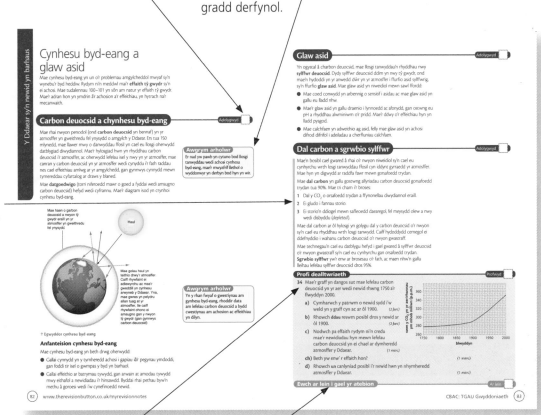

Profi dealltwriaeth

Defnyddiwch y cwestiynau ar ddiwedd pob adran i wneud yn siŵr eich bod chi wedi deall pob topig.

Ewch ar lein

Ewch ar lein i wirio eich atebion yn **www.therevisionbutton.co.uk/myrevisionnotes**

Cynnwys a threfnydd adolygu

B Bioleg

C Cemeg

Ff Ffiseg

Amrywiaeth bywyd

Amrywiaeth a dosbarthiad

Mae pob peth byw'n amrywio o ran siâp, maint a chymhlethdod. Er mwyn gwneud synnwyr o hyn, mae gwyddonwyr yn **dosbarthu** pethau byw yn gyfres o grwpiau. Mae nodweddion tebyg gan yr organebau sydd yn yr un grŵp.

● Caiff planhigion eu grwpio yn ôl mathau **blodeuol** ac **anflodeuol**.

● Caiff anifeiliaid eu grwpio fel **fertebratau** (gydag asgwrn cefn) ac **infertebratau** (heb asgwrn cefn). Mewn gwirionedd dydy infertebratau ddim yn grŵp dosbarthu go iawn, gan eu bod yn rhannu absenoldeb nodwedd yn hytrach na nodweddion cyffredin.

● Organebau microsgopig yw micro-organebau; y grwpiau yw **bacteria**, **ffyngau** ac **algâu**.

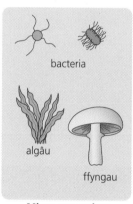

bacteria

algâu

ffyngau

Micro-organebau

planhigion blodeuol

planhigion anflodeuol

Planhigion

infertebratau

fertebratau

Anifeiliaid

● Mae gwyddonwyr yn defnyddio **nodweddion morffolegol** (siâp ac adeiledd organeb) ac adeiledd y DNA i roi pethau byw mewn grwpiau.

● Mae gwyddonwyr yn gallu dweud pa mor agos yw'r berthynas rhwng dwy organeb drwy gymharu eu **DNA**. DNA yw'r cemegyn sy'n gwneud genynnau, a'r mwyaf tebyg yw'r DNA, yna'r agosaf yw'r berthynas rhwng yr organebau. **Proffilio genetig** yw'r enw ar y dechneg hon. Mae'r ffordd hon o wirio pa mor agos yw'r berthynas rhwng dwy organeb yn fwy manwl gywir na chwilio am nodweddion cyffredin yn unig.

● Caiff pob grŵp mawr ei rannu yn grwpiau llai a llai. Wrth i'r grwpiau fynd yn llai, mae'r berthynas rhwng yr organebau'n agosach a bydd mwy o nodweddion cyffredin ganddynt.

● Mae pwyllgor rhyngwladol yn gyfrifol am roi **enw gwyddonol** i bob organeb fyw. Mae hyn yn osgoi dryswch wrth siarad am yr un organeb mewn ieithoedd gwahanol. Mae'r enw anwyddonol, neu'r enw cyffredin, yn wahanol mewn gwledydd gwahanol.

● Roedd pethau byw'n arfer cael eu dosbarthu i ffurfio **pum teyrnas** – bacteria, organebau ungellog, ffyngau, planhigion ac anifeiliaid. Yn ddiweddar, mae'r dosbarthiad **tri pharth** (bacteria hynafol, bacteria a phob organeb sydd â chnewyllyn) wedi dod yn fwy poblogaidd.

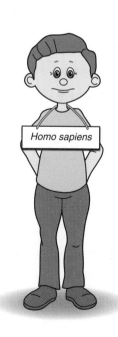

Homo sapiens

Organebau a'r amgylchedd

Er mwyn goroesi, rhaid i organebau byw addasu i amodau ffisegol eu hamgylchedd. Hefyd rhaid iddynt allu goroesi gyda phethau byw eraill. Gall hyn effeithio arnynt mewn gwahanol ffyrdd.

● Mae gan organebau **addasiadau** adeileddol ac ymddygiadol sy'n eu helpu i oroesi yn eu hamgylchedd.

● Rhaid i organebau allu cael **adnoddau** hanfodol o'u hamgylchedd. Mae'r rhain yn cynnwys bwyd, dŵr ac (yn achos planhigion) golau a mwynau.

● Efallai y bydd rhai adnoddau'n brin yn yr amgylchedd. Bydd organebau gwahanol yn gorfod cystadlu yn erbyn ei gilydd i gael y rhain. **Cystadleuaeth** yw hyn, a bydd yn cyfyngu ar eu **poblogaethau**.

● Mae **ysglyfaethu** (cael eu bwyta gan anifeiliaid eraill yn yr amgylchedd) yn gallu lleihau maint poblogaeth yr ysglyfaeth.

● Mae **clefydau** a **llygredd** hefyd yn gallu lleihau maint poblogaeth.

Awgrym arholwr

Sylwch fod cwestiwn **1** yn gofyn pa **nodwedd** (unigol). Mae hyn yn dweud wrthych chi mai dim ond **un** ateb sydd ei angen i bob rhan. Os rhowch chi ddau ateb, efallai na chewch chi farc, hyd yn oed os yw un o'r atebion yn gywir.

Profi dealltwriaeth

1 Darllenwch y wybodaeth ganlynol.

● Mae'r ai-ai (*aye-aye*) yn byw ar ynys Madagascar.

● Mae e'n byw mewn coed.

● Mae ganddo lygaid mawr a chlustiau mawr sensitif.

● Mae'r ai-ai yn gwrando am bryfed yn symud o dan risgl coed.

● Mae ei fys canol yn hir iawn ac yn bigfain.

● Mae gan yr ai-ai grafangau miniog ar bob bys a phob bys troed.

● Mae ganddo gynffon drwchus sy'n fwy o faint na'i gorff.

↑ Yr ai-ai

Defnyddiwch y wybodaeth a'r llun i ateb y cwestiynau canlynol.

Pa nodwedd:

a) sy'n helpu'r ai-ai i hela yn y nos? *(1 marc)*

b) sy'n helpu'r ai-ai i ddod o hyd i bryfed o dan risgl coed? *(1 marc)*

c) sy'n helpu'r ai-ai i gael gafael ar y pryfed sydd o dan risgl coed? *(1 marc)*

ch) sy'n helpu'r ai-ai i ddringo coed? *(1 marc)*

d) sy'n helpu'r ai-ai i **gydbwyso** ar gangen coeden? *(1 marc)*

2 Enw gwyddonol y draenog yw *Erinaceus europaeus*. Draenog yw ei enw cyffredin. Pam mae gwyddonwyr yn rhoi enwau gwyddonol ar anifeiliaid? Dewiswch **ddwy** frawddeg gywir.

A Mae'r un enw cyffredin yn cael ei ddefnyddio mewn gwahanol wledydd.

B Mae'r un enw gwyddonol yn cael ei ddefnyddio mewn gwahanol wledydd.

C Mae enwau cyffredin gwahanol yn cael eu defnyddio mewn gwahanol wledydd.

Ch Mae enwau gwyddonol gwahanol yn cael eu defnyddio mewn gwahanol wledydd. *(2 farc)*

Ewch ar lein i gael yr atebion

Ar lein

Bodau dynol a'r amgylchedd

Cydbwyso anghenion

Mae llawer o resymau dros warchod bywyd gwyllt. Mae bodau dynol yn hoff o ymweld â chefn gwlad, ac o fyw yno, gan fod amrywiaeth o anifeiliaid a phlanhigion yno. Mae'r amrywiaeth bywyd hon hefyd yn rhoi bwyd ac adnoddau eraill i fodau dynol. Fodd bynnag, mae gan fodau dynol hefyd anghenion sy'n gallu gwrthdaro â chadwraeth.

● Mae angen **cartrefi** ar fodau dynol, ac mae adeiladu cartrefi'n dinistrio rhannau o'r amgylchedd naturiol.

● Mae angen i fodau dynol gynhyrchu **bwyd** ar raddfa fawr, sy'n golygu bod rhaid newid yr amgylchedd naturiol i ffafrio'r anifeiliaid a'r planhigion rydym ni'n eu bwyta. Gallwn ddinistrio cynefinoedd naturiol drwy dorri coed i greu caeau.

Mae **poblogaeth enfawr** o fodau dynol ar y blaned yn golygu bod ardaloedd mawr o gynefinoedd naturiol wedi cael eu dinistrio eisoes. Mae'r boblogaeth ddynol yn dal i gynyddu, ac felly mae'r broblem yn gwaethygu.

Ffermio dwys

Ffermio dwys yw ffermio sy'n defnyddio dulliau sy'n cael cymaint â phosibl o gynnyrch (naill ai o blanhigion neu o anifeiliaid) allan o'r lle lleiaf posibl. Gall hyn gynnwys defnyddio **gwrtaith**, **plaleiddiaid**, **rheoli clefydau** a **dulliau batri**. Mae manteision ac anfanteision gan bob un o'r rhain. Ar frig y dudalen nesaf mae rhestr o rai dulliau ffermio dwys.

⬆ **Mae ieir fferm batri yn cael eu cadw mewn mannau cyfyng iawn**

Dull	Manteision	Anfanteision
Gwrteithiau	Cynyddu cynnyrch y cnwd	Gallu golchi allan o'r pridd gan lygru afonydd a nentydd
Plaleiddiaid	Atal plâu rhag bwyta'r cnwd neu rhag cystadlu ag ef, ac felly'n cynyddu'r cynnyrch .	Gallu dinistrio organebau heblaw plâu Cemegion yn gallu aros yn y cnwd a chael eu bwyta gan bobl
Rheoli clefydau*	Atal colli anifeiliaid neu gnydau oherwydd clefyd	Mae gwrthfiotigau sy'n cael eu rhoi i anifeiliaid yn gallu aros yn y cig mae pobl yn ei fwyta
Dulliau batri	Gallu cadw mwy o anifeiliaid mewn lle penodol Mae'r anifeiliaid yn defnyddio llai o egni, ac felly mae angen llai o fwyd arnynt Lleihau costau, ac felly gallu gwerthu'r cig yn rhad	Mae ansawdd bywyd yr anifeiliaid yn wael iawn

* Mae'n bosibl defnyddio addasu genynnol i reoli clefydau. Mae sôn am hyn yn yr adran 'Peirianneg genetig' ar dudalennau 30–31.

Difa moch daear a TB gwartheg

Adolygwyd

Yn y blynyddoedd diwethaf, mae ffermwyr wedi bod yn pwyso am gael lladd (difa) moch daear i leihau nifer y gwartheg sy'n dal **twbercwlosis (TB) gwartheg**. Dydy'r llywodraeth ddim yn gallu penderfynu a ddylai ganiatáu hyn oherwydd dydy'r dystiolaeth wyddonol ddim yn hollol eglur.

● Mae moch daear yn gallu dal TB gwartheg a'i drosglwyddo i wartheg.

● Mae llawer o wartheg yn marw o TB bob blwyddyn.

● Mae difa moch daear wedi bod yn effeithiol mewn rhai ardaloedd, ond nid yw'n llwyddiannus bob amser.

● Weithiau, bydd moch daear sy'n goroesi'r difa yn symud allan o'r ardal ac yn dechrau haint yn rhywle arall.

● Efallai y byddai dulliau eraill (e.e. brechu moch daear) yn rheoli'r clefyd yn effeithiol.

● Gan fod cymaint o'r dystiolaeth sydd ar gael yn gwrthdaro, mae angen gwneud mwy o arbrofion i wella'r dystiolaeth o blaid neu yn erbyn difa.

> **Awgrym arholwr**
>
> Yn aml, bydd cwestiynau arholiadau'n gofyn i chi feddwl am sefyllfa benodol, yn hytrach na chofio ffeithiau'n unig. Does dim angen i chi fod wedi dysgu am y sefyllfa arbennig (e.e. defnyddio plaleiddiaid hollgorffol); gallwch chi ateb y cwestiwn drwy feddwl ychydig amdano.

Profi dealltwriaeth

Profwyd

3 Mae rhai wyau ieir yn cael eu labelu'n 'wyau buarth'. Mae hyn yn golygu bod y cywion ieir yn rhydd i symud o gwmpas. Mae wyau sydd ddim yn wyau buarth yn dod o 'ieir batri', sydd wedi cael eu cadw'n agos iawn at ei gilydd mewn cewyll sydd ddim yn gadael iddyn nhw symud o gwmpas. Mae'n well gan lawer o bobl brynu wyau buarth, ond maen nhw'n ddrutach.

   a) Gan gymryd nad oes dim gwahaniaeth o ran blas, pam gallai fod yn well gan bobl ddewis wyau buarth? *(1 marc)*

   b) Awgrymwch **ddau** reswm pam mae wyau batri'n rhatach nag wyau buarth. *(2 farc)*

4 Mae llawer o ffermwyr yn chwistrellu plaleiddiaid cemegol ar eu cnydau. Mae rhai ffermwyr yn defnyddio plaleiddiaid 'hollgorffol' (systemig) sy'n cael eu hamsugno i'r planhigyn. Yna pan mae plâu'n bwyta'r cnwd maen nhw hefyd yn bwyta'r plaleiddiaid.

   a) Nodwch **ddwy** o fanteision defnyddio plaleiddiaid hollgorffol, yn hytrach na chwistrellu cemegion. *(2 farc)*

   b) Awgrymwch **un** anfantais bosibl i ddefnyddio plaleiddiaid hollgorffol. *(1 marc)*

Ewch ar lein i gael yr atebion

Ar lein

Dangosyddion llygredd

Llygredd mewn nentydd ac afonydd

Adolygwyd

Mae nentydd ac afonydd yn gallu cael eu llygru mewn amryw o ffyrdd.

- Mae **carthion** a'r **gwrteithiau** sy'n cael eu defnyddio ar dir fferm yn gallu cael eu golchi drwy'r pridd gan y glaw, gan ddraenio i afonydd a nentydd.

- Mae **cemegion** yn gallu gollwng i afonydd sy'n agos i ffatrïoedd neu safleoedd diwydiannol.

- Mae **dŵr cynnes**, sydd wedi cael ei ddefnyddio i oeri peiriannau mewn ffatrïoedd, hefyd yn gallu mynd i afonydd. Bydd y gwres yn achosi cynnydd yn nifer y bacteria yn y dŵr.

- Mae glaw asid hefyd yn rhedeg oddi ar y tir ac yn gallu llygru dŵr croyw.

- Mae'r llygryddion hyn yn gallu achosi:

  - gostyngiad mewn lefelau **ocsigen**, gan ladd anifeiliaid sydd angen llawer ohono. Mae **bacteria** sy'n bwydo ar garthion neu ar organebau marw yn lluosi ac yn defnyddio'r ocsigen sydd ar gael.

  - newid yn **pH** y dŵr. Mae **glaw asid** a **gwastraff cemegol** yn gallu gostwng pH. Dydy'r rhan fwyaf o anifeiliaid a phlanhigion ddim yn gallu goroesi y tu allan i amrediad pH cul.

  - gwenwyniad. Mae rhai cemegion yn **gwenwyno** organebau byw. Bydd hyn hefyd yn achosi cynnydd yn y bacteria sy'n bwydo ar yr organebau marw, ac felly bydd y lefelau ocsigen yn gostwng eto.

  - trwytholchi. Mae glaw asid yn gallu trwytholchi **alwminiwm** o'r pridd i afonydd. Mae alwminiwm yn wenwynig i anifeiliaid yn y dŵr.

Rhywogaethau dangosol

Adolygwyd

Mae gwahanol rywogaethau o anifeiliaid a phlanhigion yn amrywio o ran eu gallu i oddef llygredd. Mae hyn yn golygu y gallwn ni ddefnyddio rhai rhywogaethau fel dangosyddion o lefel y llygredd.

- Mae angen aer neu ddŵr glân ar rai rhywogaethau. Dim ond mewn amgylchedd heb ei lygru y bydd y rhywogaethau hyn i'w cael.

- Mae rhai rhywogaethau yn gallu goddef lefelau uchel iawn o lygredd. Bydd y rhywogaethau hyn i'w cael mewn mannau wedi'u llygru. Yn aml, ni fydd y rhywogaethau hyn i'w gweld mewn mannau glân, oherwydd dydyn nhw ddim yn gallu cystadlu â'r rhywogaethau sy'n byw yno. Felly, os ydyn nhw'n digwydd mewn ardal, rhaid bod yr ardal honno wedi ei llygru.

- Mae cen, sy'n byw ar gerrig a choed, yn gallu cael ei ladd gan lygredd sylffwr deuocsid yn yr aer. Mae rhai mathau'n well na'i gilydd am oddef llygredd, ac felly gallwn ni asesu llygredd aer drwy edrych ar y mathau o gen sydd i'w gweld mewn ardal.

- Mae gwyddonwyr yn gallu cyfrif niferoedd y 'rhywogaethau dangosol' hyn mewn ardal i gael syniad o faint o lygredd sydd yno.

↑ Cen, *Physcia tenella*, yn tyfu ar gangen.

● Mae gwyddonwyr yn gallu monitro **lefelau ocsigen** yn y dŵr i ddangos lefel y llygredd. Bydd presenoldeb llawer o facteria yn y dŵr yn gostwng lefel yr ocsigen.

● Mae **profi pH** yn rhoi gwybodaeth am lygredd. Mae nifer o ffactorau'n gallu newid pH, ond os yw'n newid llawer oddi wrth pH 7 mae'n debygol o gael effaith anffafriol ar organebau.

● Mae **'modelau' mathemategol** yn gallu defnyddio'r mesuriadau hyn i ddadansoddi ac i ragfynegi effeithiau yn y dyfodol.

> **Awgrym arholwr**
>
> Mae dau farc ar gael yng Nghwestiwn **5** rhan **c)**. Mae hyn yn golygu bod angen i chi wneud dau bwynt. Gallech chi gyfeirio at lefel y llygredd, ond os gwnewch chi, i gael yr ail farc bydd rhaid i chi egluro **pam** newidiodd lefelau'r llygredd.

Profi dealltwriaeth

5 Mae'r cynrhonyn cynffonfain yn larfa pryfyn sy'n gallu byw mewn dŵr wedi'i lygru. Mae'n llai cyffredin mewn dŵr glân. Mae'r graff yn dangos niferoedd y cynrhon cynffonfain gafodd eu canfod mewn gwahanol fannau mewn nant. Mae fferm yn agos at y nant, ac weithiau mae carthion o'r fferm yn llygru'r nant.

Graff: nifer y cynrhon cynffonfain ym mhob m² yn erbyn pellter o'r pwynt sampl gwreiddiol (km)

a) Sawl cilometr o'r pwynt sampl gwreiddiol y byddech chi'n disgwyl gweld y fferm? Rhowch reswm am eich ateb. *(2 farc)*

b) Pa ran o'r nant sydd wedi ei llygru fwyaf? *(1 marc)*

c) Awgrymwch reswm am y gostyngiad yn niferoedd y cynrhon cynffonfain rhwng 5 ac 8 km o'r pwynt cychwyn gwreiddiol. *(2 farc)*

6 Darllenwch y wybodaeth ganlynol am gennau a llygredd aer.

● Mae cennau'n tyfu ar goed ac adeiladau.

● Mae gwyddonwyr yn defnyddio cennau fel dangosyddion llygredd aer.

● Mae aer sydd wedi ei lygru â nwy sylffwr deuocsid yn gallu lladd cennau gan fod sylffwr yn crynhoi tu mewn iddyn nhw. Mae rhai rhywogaethau'n fwy sensitif i lygredd aer nag eraill.

Math o gen	Fflat	Deiliog	Blewog
Lefel y llygredd lle mae cen i'w gael	Isel, canolig ac uchel	Canolig ac isel	Isel

↑ Dangosyddion cen

Gan ddefnyddio'r wybodaeth hon yn unig:

a) Enwch y nwy sy'n llygru'r aer. *(1 marc)*

b) Sut mae'r sylwedd hwn yn lladd cennau? *(1 marc)*

c) Pa gen yw'r gorau am oroesi llygredd? *(1 marc)*

ch) Daeth gwyddonwyr o hyd i lawer o gen deiliog mewn coedwig, ond dim cen blewog. Beth oedd lefel y llygredd? *(1 marc)*

Ewch ar lein i gael yr atebion

Ar lein

Mathau o lygredd

Gwrteithiau a charthion

Mae nentydd, afonydd a llynnoedd sy'n agos at dir ffarm yn cael eu llygru weithiau. Mae gwrteithiau cemegol a charthion anifeiliaid ffarm heb eu trin yn gallu mynd i'r dŵr. Gall hyn achosi marwolaeth anifeiliaid gwyllt oherwydd y gyfres ganlynol o ddigwyddiadau.

- Mae bacteria'n bwydo ar garthion heb eu trin, ac yn defnyddio'r ocsigen yn y dŵr.
- Mae carthion a gwrteithiau ill dau'n annog twf planhigion.
- Yr effaith ar algâu (planhigion microsgopig) yw'r effaith fwyaf, gan eu bod nhw'n tyfu'n gyflym iawn.
- Mae algâu'n gallu gorchuddio arwyneb llynnoedd yn gyfan gwbl. Bydd hyn yn atal golau rhag cyrraedd y planhigion islaw'r arwyneb, a bydd y planhigion yn marw.
- Mae cylchred bywyd yr algâu yn fyr, felly bydd llawer o algâu marw'n cronni yn y dŵr.
- Mae'r planhigion a'r algâu marw'n darparu bwyd i niferoedd enfawr o facteria.
- Mae'r bacteria'n defnyddio'r ocsigen yn y dŵr ar gyfer resbiradaeth.
- Mae angen llawer o ocsigen ar rai anifeiliaid sy'n byw yn y dŵr (e.e. pysgod) ac maen nhw'n 'mygu' pan mae lefelau ocsigen yn isel.

Awgrym arholwr

Dim ond mewn llynnoedd mae algâu'n gallu gorchuddio'r arwyneb. Mewn afonydd a nentydd, mae'r dŵr yn symud, ac mae hynny'n atal hyn rhag digwydd.

Metelau trwm a phlaleiddiaid

Gall y llygryddion hyn fynd i gadwynau bwyd ac effeithio ar fodau dynol. Mae bodau dynol ar frig cadwynau bwyd, a dyna ble mae effaith llygryddion ar ei gwaethaf.

- Mae metelau trwm yn aml yn bresennol mewn gwastraff diwydiannol. Os bydd y gwastraff hwn yn mynd i mewn i ddŵr croyw, bydd yn cyrraedd y gadwyn fwyd hefyd oherwydd bydd anifeiliaid a phlanhigion yn y dŵr yn ei amsugno.
- Mae plaleiddiaid yn gallu cael eu golchi i ddŵr croyw, ond maen nhw hefyd yn gallu mynd yn uniongyrchol i'r gadwyn fwyd gan eu bod nhw'n cael eu chwistrellu ar gnydau bwyd.
- Mae'r cemegion yn mynd yn fwy crynodedig wrth iddynt fynd drwy'r gadwyn fwyd, oherwydd mae'r anifeiliaid sydd ar bob cam yn bwyta niferoedd mawr o'r organebau sy'n gynharach yn y gadwyn (gweler y diagram ar dudalen 13). Yr enw ar hyn yw **biogynyddiad**.
- Mae'r llygryddion yn gallu cyrraedd lefelau gwenwynig yn yr anifeiliaid sydd ar frig y gadwyn fwyd.
- Roedd DDT yn blaleiddiad poblogaidd rhwng yr 1940au a'r 1960au. Yn ystod y cyfnod hwnnw, cafodd tystiolaeth wyddonol ei chasglu am ei effeithiau niweidiol ar fywyd gwyllt a'r peryglon posibl i fodau dynol. Roedd y dystiolaeth hefyd yn dangos bod DDT yn aros yn yr amgylchedd am amser maith. O ganlyniad i hyn, cafodd DDT ei wahardd yn UDA yn 1972 ac yn y DU yn 1984.

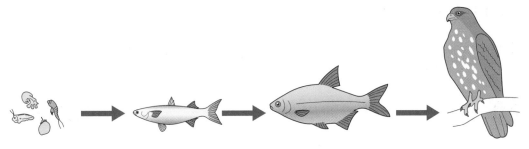

Plancton
Yn amsugno plaleiddiad
Lefel plaleiddiad – 0.04 rh. y. m.

Pysgodyn bach
Yn bwyta llawer o blancton
Lefel plaleiddiad – 0.5 rh. y. m.

Pysgodyn mawr
Yn bwyta llawer o bysgod bach
Lefel plaleiddiad – 2 rh. y. m.

Aderyn ysglyfaethus
Yn bwyta llawer o bysgod mawr
Lefel plaleiddiad – 25 rh. y. m.

⬆ Cadwyn fwyd: mae lefel y plaleiddiad yn cynyddu wrth i chi symud ar hyd y gadwyn fwyd. (Mae 'rh. y. m.' yn golygu 'rhannau ym mhob miliwn'.)

Awgrym arholwr

Mae'r siart yng Nghwestiwn **7** yn gymhleth. Mae'r wybodaeth ar ddechrau'r cwestiwn yn bwysig oherwydd mae'n egluro nodweddion o'r graff y bydd eu hangen arnoch i ateb y cwestiwn. Darllenwch y testun yn ofalus a gwnewch yn siŵr eich bod chi'n ei ddeall cyn ysgrifennu eich atebion.

Awgrym arholwr

Cofiwch, mewn cwestiynau Ansawdd y Cyfathrebu Ysgrifenedig fel Cwestiwn **8**, bydd yr arholwyr yn chwilio am eglurhad clir. Os cewch chi'r ffeithiau sylfaenol yn gywir ond nad yw eich eglurhad yn glir neu fod diffyg manylion ynddo, gallwch chi golli marciau. Gweler tudalennau 110–111 am fwy o gymorth i ateb cwestiynau ACY.

Profi dealltwriaeth

Profwyd

7 Mae'r data yn y diagram yn dangos biomas organebau a màs y plaleiddiad mewn organebau sy'n byw mewn llyn neu gerllaw llyn. Mae arwynebedd y petryalau (sydd wedi'u lluniadu wrth raddfa) yn cynrychioli cyfanswm màs yr organebau. Mae nifer y dotiau ym mhob petryal yn dangos màs y plaleiddiad sydd wedi ei ddarganfod yn yr organebau.

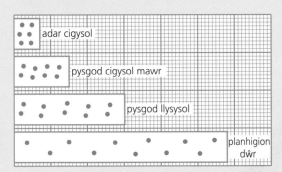

a) Enwch yr organebau yn y diagram lle:

i) mae'r màs mwyaf o blaleiddiad. *(1 marc)*

ii) mae'r crynodiad mwyaf o blaleiddiad i bob uned màs. *(1 marc)*

b) Defnyddiwch y diagram i amcangyfrif màs y pysgod cigysol a allai gael ei gynnal gan 1000 kg o bysgod llysysol. *(1 marc)*

c) Disgrifiwch **ddwy** anfantais bosibl i'r amgylchedd o ddefnyddio plaleiddiad yn barhaus gerllaw llyn. *(2 farc)*

8 Cafodd gwrtaith ei ddefnyddio ar gae fferm a'i olchi i nant gyfagos. Yn ddiweddarach, dywedodd pysgotwyr fod pysgod marw'n arnofio yn y nant. Eglurwch y gyfres o ddigwyddiadau a arweiniodd at farwolaeth y pysgod. *(6 marc ACY)*

Ewch ar lein i gael yr atebion

Ar lein

Cadwynau bwyd a gweoedd bwyd

Egni o'r Haul

Mae pob organeb fyw yn cael egni o belydriad yr Haul, naill ai'n uniongyrchol neu'n anuniongyrchol. Mae planhigion gwyrdd ac algâu'n defnyddio egni'r Haul yn uniongyrchol drwy gyfrwng ffotosynthesis, sy'n gwneud bwyd iddynt. Mae organebau eraill yn bwyta'r planhigion neu'r algâu, yna'n cael eu bwyta gan organebau eraill, fel mae'r diagram isod yn ei ddangos.

Cynhyrchwyr (planhigion gwyrdd neu algâu)	Caiff canran bach o'r golau sy'n cyrraedd y cynhyrchwyr ei drawsnewid yn fwyd (egni cemegol).
yn cael eu bwyta gan	
Ysyddion cam 1 (llysysyddion)	Mae'r organebau hyn yn cael eu hegni drwy fwyta planhigion.
yn cael eu bwyta gan	
Ysyddion cam 2 (cigysyddion)	Mae'r rhan fwyaf o gigysyddion yn bwyta ysyddion cam 1.
yn cael eu bwyta gan	
Ysyddion cam 3 (cigysyddion)	Mae rhai cigysyddion yn bwyta ysyddion cam 2, ond mae hyn yn anarferol gan fod ysyddion cam 2 yn aml yn eithaf mawr a bod eu poblogaethau'n llai na phoblogaethau llysysyddion. Mae'n anarferol iawn i unrhyw beth fwyta ysydd cam 3.

Mae **cadwyn fwyd** yn dangos sut mae egni yn cael ei drosglwyddo rhwng organebau; mae'r saethau yn y diagram yn symboleiddio hyn. Mae cadwynau bwyd yn cydgysylltu i ffurfio **gweoedd bwyd**.

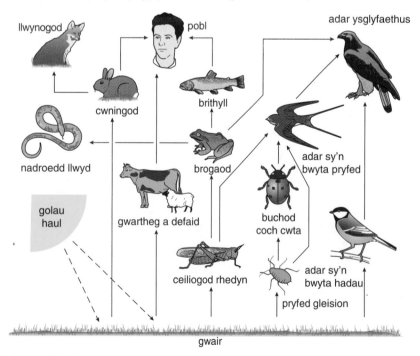

llwynogod — pobl — adar ysglyfaethus — cwningod — brithyll — nadroedd llwyd — brogaod — adar sy'n bwyta pryfed — golau haul — gwartheg a defaid — buchod coch cwta — ceiliogod rhedyn — adar sy'n bwyta hadau — pryfed gleision — gwair

↑ **Gwe fwyd. Mae'r saethau'n dangos llif yr egni**

Colli egni mewn cadwynau bwyd

Dydy'r rhan fwyaf o'r egni o belydriad yr Haul byth yn cyrraedd cadwynau bwyd. Mae'n gallu methu planhigion a, hyd yn oed os yw'n tywynnu arnynt, dim ond canran bach o'r egni fydd yn cael ei drawsnewid yn fwyd drwy ffotosynthesis.

Dydy'r bwyd sy'n cael ei wneud gan blanhigyn ddim i gyd ar gael i anifeiliaid, a chaiff egni ei golli ar bob cam mewn cadwyn fwyd.

- Pan fydd organeb yn **resbiradu** (i gael yr egni o'i bwyd) bydd rhyfaint o egni yn cael ei golli ar ffurf **gwres**.

- Mae pob organeb yn defnyddio egni i **gynnal** ac i **atgyweirio** ei chelloedd.

- Er bod organebau'n defnyddio egni i dyfu, dydy'r egni hwn ddim yn cael ei wastraffu, gan ei fod yn darparu mwy i ysglyfaethwr ei fwyta.

- Mae anifeiliaid hefyd yn defnyddio egni i **symud**, ac mae mamolion ac adar yn ei ddefnyddio **i gynnal tymheredd eu cyrff**.

- Anaml y bydd llysysyddion yn bwyta planhigyn cyfan (e.e. y gwreiddiau a'r cyffion).

- Anaml y bydd cigysyddion yn bwyta'r anifail cyfan (e.e. esgyrn).

- Fel rheol dydy anifeiliaid ddim yn gallu treulio pob rhan o'r bwyd maen nhw'n ei fwyta. Felly bydd egni heb ei ddefnyddio yn eu hymgarthion.

Mae'r egni sy'n cael ei golli ar bob cam yn golygu na fydd cadwynau bwyd fel arfer yn 'para' am fwy na phedwar neu bump o gamau. Mae'n golygu hefyd fod y poblogaethau'n mynd yn llai wrth fynd ar hyd y gadwyn.

Awgrym arholwr

Mae Cwestiwn **9** rhan **a)** yn gwestiwn arholiad nodweddiadol ar y pwnc hwn. Dydych chi ddim yn cael marciau am ddweud bod y saethau'n dangos 'beth sy'n bwyta beth'. Rhaid i chi enwi proses. Edrychwch yn y testun ar y tudalennau hyn i weld yr ateb gorau.

Awgrym arholwr

Mae Cwestiwn **9** rhan **c)** ii) yn gofyn i chi ddewis yr ateb cywir. Mae hynny (a'r ffaith mai un marc sydd) yn dweud wrthych chi mai dim ond **un** ateb cywir sydd. Os rhowch chi ddau, byddwch chi'n colli'r marc, hyd yn oed os yw un o'r atebion yn gywir.

Profi dealltwriaeth

9 Mae'r diagram yn dangos cadwyn fwyd. Defnyddiwch y diagram i ateb y cwestiynau canlynol.

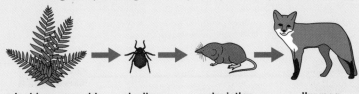

planhigyn gwyrdd   chwilen   chwistlen   llwynog

a) Beth mae'r saethau yn y gadwyn fwyd yn ei ddangos? *(1 marc)*

b) i) Enwch y cynhyrchydd a nodwch beth yw ei ffynhonnell egni. *(2 farc)*

   ii) Enwch **un** cigysydd yn y gadwyn. Rhowch reswm am eich dewis. *(2 farc)*

c) i) Nodwch **un** ffordd mae egni'n cael ei golli o gadwyn fwyd. *(1 marc)*

   ii) Mae Megan wedi cyfrif nifer yr anifeiliaid hyn mewn cynefin. Beth fyddai'r canlyniad? Dewiswch yr ateb cywir:

   A Mwy o lwynogod na chwistlod

   B Llai o chwilod na chwistlod

   C Mwy o chwilod na chwistlod *(1 marc)*

10 Edrychwch ar y diagram o we fwyd ar dudalen 14. Mae'r boblogaeth brogaod wedi gostwng yn sylweddol yn y blynyddoedd diwethaf. Pa effaith allai hyn ei chael ar y poblogaethau canlynol? Rhowch resymau am eich atebion.

a) Nadroedd llwyd. *(2 farc)*

b) Ceiliogod rhedyn. *(2 farc)*

c) Adar sy'n bwyta pryfed. *(2 farc)*

Ewch ar lein i gael yr atebion

Ar lein

Pyramidiau ecolegol

Adeiladu pyramidiau
Adolygwyd

Mae cadwynau bwyd yn dangos y berthynas fwydo rhwng yr organebau sydd mewn amgylchedd, ond dydyn nhw ddim yn dweud pa mor fawr yw poblogaethau'r organebau ar y camau gwahanol. Gallwn ni wneud hyn drwy adeiladu **pyramid ecolegol**. Mae'r rhain yn gallu bod yn byramidiau **niferoedd**, sy'n cofnodi'r niferoedd ar bob cam, neu'n byramidiau **biomas**, sy'n cofnodi cyfanswm màs y boblogaeth ar bob cam yn y gadwyn fwyd. Mae'r diagram isod yn dangos hyn.

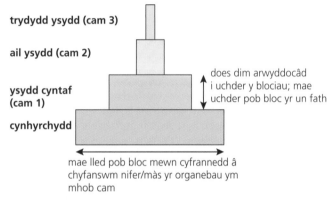

trydydd ysydd (cam 3)

ail ysydd (cam 2)

ysydd cyntaf (cam 1)

cynhyrchydd

does dim arwyddocâd i uchder y blociau; mae uchder pob bloc yr un fath

mae lled pob bloc mewn cyfrannedd â chyfanswm nifer/màs yr organebau ym mhob cam

↑ **Y pyramid ecolegol**

Dylai'r diagramau hyn fod ar siâp pyramid, oherwydd rhaid cael digon o fwyd ar unrhyw lefel i ddarparu ar gyfer y lefel uwch ei phen. Fel rheol, byddai angen i bob ysydd cyntaf fwyta nifer mawr o gynhyrchwyr i oroesi, a byddai angen i bob ail ysydd fwyta nifer mawr o ysyddion cyntaf, ac yn y blaen.

Awgrym arholwr

Mae bron pob cwestiwn am byramidiau ecolegol yn golygu lluniadu pyramid gan ddefnyddio gwybodaeth a roddir, neu ddehongli pyramidiau. Dylech chi sicrhau y gallwch chi wneud y ddau beth hyn.

Pyramidiau niferoedd a biomas
Adolygwyd

Weithiau, bydd pyramidiau niferoedd yn rhoi 'siâp anghywir'. Mae hyn yn digwydd os yw'r organebau ar gam cynharach yn llawer **mwy** na'r rhai ar y cam nesaf. Mae'r diagram ar dudalen 17 yn dangos hyn.

Dyma'r sefyllfaoedd lle mae hyn yn tueddu i ddigwydd:

● Mae'r cynhyrchydd yn goeden. Mae'r goeden yn llawer mwy na'r anifeiliaid sy'n bwydo arni, felly mae un goeden yn gallu bwydo llawer mwy o ysyddion cam 1.

● Mae ysydd yn barasit (e.e. chwain yn byw ar gŵn). Gan fod y ci'n llawer mwy na'r chwain, mae cannoedd o chwain yn gallu byw ar un ci. Yn yr achos hwn, bydd y chwannen yn ysydd cam tri, a bydd y bloc hwnnw'n llydan iawn.

Siâp pyramid sydd i byramidiau biomas bron bob amser. Mae hyn oherwydd bod màs (ac felly maint) yr organebau yn cael ei ddefnyddio i luniadu'r pyramid. Er enghraifft, er y gallai un goeden fwydo miloedd o bryfed, byddai cyfanswm màs y goeden yn llawer mwy na chyfanswm màs y pryfed i gyd.

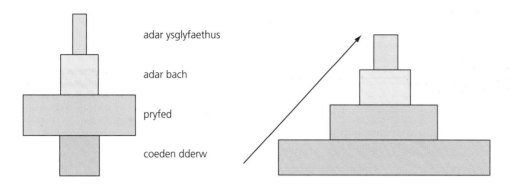

↑ a) Pyramid niferoedd ecosystem mewn coetir a b) pyramid biomas yr un ecosystem.

Awgrym arholwr

Sylwch, yng nghwestiwn **11** rhan **c)**, mae'r gair **un** mewn teip trwm. Pan gaiff rhywbeth ei roi mewn teip trwm, mae'n golygu ei fod yn gyfarwyddyd pwysig i'w ddilyn er mwyn i chi gael marciau llawn am y cwestiwn.

Profi dealltwriaeth

Profwyd

11 Cafodd y gadwyn fwyd hon ei darganfod mewn gardd.

letys ⟶ llysleuen ⟶ buwch goch gota ⟶ titw tomos las

a) Enwch y cynhyrchydd yn y gadwyn fwyd hon. *(1 marc)*

Cafodd y data canlynol eu casglu am y gadwyn fwyd hon.

Organeb	Nifer yn y gadwyn fwyd	Màs pob organeb (g)	Cyfanswm biomas yr organebau (g)
letys	6	15	90
llysleuen	300	0.1	
buwch goch gota	28	0.5	
titw tomos las	1	8	

b) Cwblhewch y tabl drwy gyfrifo cyfanswm biomas pob organeb yn y gadwyn fwyd. Mae un wedi'i wneud i chi. *(1 marc)*

c) Nodwch **un** ffordd mae egni'n cael ei golli o'r gadwyn fwyd hon. *(1 marc)*

12 Mae tair cadwyn fwyd wedi'u dangos isod:

A bresych ⟶ malwen ⟶ bronfraith ⟶ cath

B derwen ⟶ pryf lludw ⟶ chwistlen ⟶ llwynog

C letys ⟶ gwlithen ⟶ draenog ⟶ chwannen

a) Parwch y tri phyramid niferoedd isod â'r gadwyn fwyd gywir (A, B neu C). *(3 marc)*

1   2   3

b) Brasluniwch sut byddai pyramid 3 yn edrych pe bai'n cael ei luniadu fel pyramid biomas yn hytrach na phyramid niferoedd. Eglurwch y gwahaniaeth. *(2 farc)*

Ewch ar lein i gael yr atebion

Ar lein

Pydredd a'r gylchred garbon

Pydredd a'i bwysigrwydd

Pydredd yw'r enw ar y broses lle mae micro-organebau – **bacteria** a **ffyngau** – yn achosi i ddefnyddiau gael eu torri i lawr (ymddatod). Gall y defnydd sy'n pydru fod yn ddefnydd gwastraff o organebau, yn gyrff marw planhigion ac anifeiliaid, neu'n ddefnyddiau o organebau byw mae pobl yn eu defnyddio ar gyfer bwyd.

Mae pydredd yn beth da am y rhesymau canlynol:

● Mae defnyddiau gwastraff a chyrff marw yn **torri i lawr** (**ymddatod**), felly dydyn nhw ddim yn cronni yn yr amgylchedd.

● Mae'r **maetholion** yn y defnydd gwastraff a'r cyrff marw yn cael eu **rhyddhau** yn ôl i'r amgylchedd. Os caiff pydredd yn yr amgylchedd ei atal, gall cemegion pwysig gael eu cloi yn y defnydd marw. Digwyddodd hyn pan gafodd tanwyddau ffosil eu ffurfio; cafodd y rhain eu ffurfio mewn amodau a oedd yn atal pydredd. Cafodd carbon ei gloi yn y tanwyddau ffosil, a dim ond ar ôl i bobl ddechrau llosgi'r tanwyddau y cafodd ei ryddhau.

Gall pydredd fod yn anghyfleus am y rhesymau canlynol:

● Mae'r micro-organebau'n defnyddio **ocsigen** ac yn cynhyrchu **carbon deuocsid**, gan eu bod nhw'n resbiradu. Weithiau, bydd hyn yn cymryd ocsigen oddi wrth organebau eraill sydd ei angen.

● Mae pydredd bwyd yn niwsans i bobl.

Mae pydredd yn rhyddhau defnyddiau defnyddiol (er enghraifft carbon, nitrogen a ffosfforws) ac mae organebau eraill yn gallu defnyddio'r rhain. Mae hyn yn arwain at greu cylchredau maetholion. Mewn cymuned sefydlog, mae'r prosesau sy'n cael gwared â defnyddiau yn cael eu cydbwyso gan brosesau eraill sy'n dychwelyd defnyddiau.

Y gylchred garbon

Mae bywyd yn seiliedig ar garbon ac mae cyflenwad penodol o garbon ar y blaned. Er mwyn i fywyd oroesi, mae'n hanfodol bod y carbon hwn yn cael ei ailgylchu. Y gylchred garbon sy'n gwneud hyn.

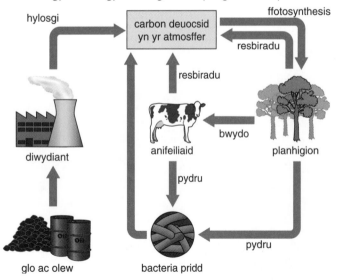

↑ **Y gylchred garbon**

Mae'r gylchred garbon yn dibynnu ar y prosesau hyn:

● **Ffotosynthesis**, lle mae planhigion gwyrdd yn echdynnu carbon deuocsid o'r aer ac yn ei drawsnewid yn glwcos.

● **Resbiradaeth**, sy'n rhyddhau'r carbon deuocsid yn ôl i'r aer.

● **Bwydo**, sef sut mae'r carbon yn mynd o blanhigion i anifeiliaid.

● **Marwolaeth**, sy'n darparu defnyddiau i ficro-organebau fwydo arnynt.

● **Pydredd**, sy'n cynnwys resbiradaeth bacteria a ffyngau.

Yn ogystal â'r gylchred garbon naturiol, mae llosgi tanwyddau ffosil yn rhyddhau symiau mawr o garbon deuocsid yn ôl i'r atmosffer.

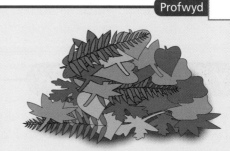

> **Awgrym arholwr**
>
> Mae rhai marciau hawdd iawn ar gael yng Nghwestiwn **13** rhan **a)**. Mae atebion pob rhan o'r cwestiwn i'w cael yn y wybodaeth a roddir. Fe welwch chi farciau hawdd fel y rhain yng nghwestiynau cyntaf y papur arholiad.

Profi dealltwriaeth   Profwyd

13 Gallwn ni bentyrru gwastraff gardd fel dail, gwair a brigau mewn tomen o'r enw tomen gompost.

Mae microbau'n torri'r defnydd gwastraff i lawr wrth iddyn nhw fwydo arno. Mae'r microbau'n resbiradu'n aerobig, felly rhaid cymysgu'r domen yn rheolaidd i ychwanegu aer. Mae'r defnydd sydd wedi pydru yn ffurfio compost, sy'n cael ei daenu ar yr ardd i wella'r pridd.

a) O'r wybodaeth hon:

   i)   Rhowch **ddwy** enghraifft o ddefnydd planhigol sy'n gallu pydru mewn tomen gompost.   *(2 farc)*

   ii) Rhowch yr enw am wastraff planhigol sydd wedi pydru.   *(1 marc)*

   iii) Pam mae gwastraff planhigol sydd wedi pydru yn cael ei daenu ar yr ardd?   *(1 marc)*

b) i) Enwch **un** math o ficrob sy'n achosi pydredd.   *(1 marc)*

   ii) Enwch y nwy sydd ei angen ar ficrobau ar gyfer resbiradaeth.   *(1 marc)*

14 Mae'r diagram isod yn dangos amlinelliad o'r gylchred garbon.

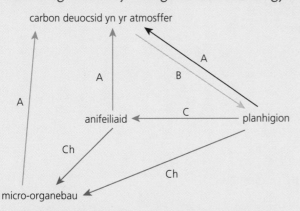

a) Enwch y prosesau A, B, C ac Ch yn y diagram.   *(4 marc)*

b) Nodwch **un** ffordd arall, nad yw'r diagram yn ei ddangos, lle mae carbon deuocsid yn cael ei ryddhau i'r atmosffer.   *(1 marc)*

Ewch ar lein i gael yr atebion   Ar lein

Y gylchred nitrogen

Pwysigrwydd nitrogen

Adolygwyd

Mae nitrogen yn elfen hanfodol i bob peth byw. Mae angen nitrogen i wneud **proteinau**, ac mae angen proteinau fel defnyddiau crai i adeiladu celloedd newydd ac i atgyweirio hen rai. Pan mae organeb yn tyfu, mae angen llawer o brotein arni ac felly mae galw am nitrogen. Gall planhigion wneud carbohydradau drwy gyfrwng ffotosynthesis, ac mae'n hawdd trawsnewid y rhain yn frasterau. Ond mae angen nitrogen ar blanhigion i wneud protein, a chaiff y nitrogen hwn ei amsugno ar ffurf nitradau o'r pridd. Dydy planhigion ddim yn gallu defnyddio nitrogen nwyol, y nwy mwyaf cyffredin yn ein hatmosffer. Dim ond rhai bacteria penodol sy'n gallu defnyddio nwy nitrogen, ac mae'r rhain yn ei drawsnewid i'r nitradau mae planhigion yn eu hamsugno.

Y gylchred nitrogen

Adolygwyd

Mae cyflenwad cyfyngedig o nitrogen ar y Ddaear. Er mwyn cynnal bywyd, felly, rhaid ailgylchu'r nitrogen. Mae'r diagram isod yn dangos y gylchred nitrogen:

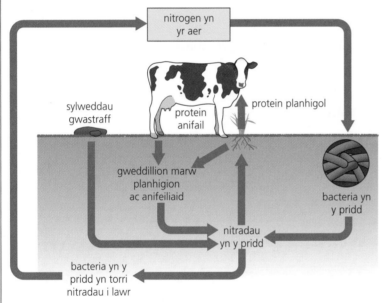

nitrogen yn yr aer

sylweddau gwastraff

protein anifail

protein planhigol

gweddillion marw planhigion ac anifeiliaid

bacteria yn y pridd

nitradau yn y pridd

bacteria yn y pridd yn torri nitradau i lawr

↑ **Y gylchred nitrogen**

- Mae'r gylchred yn dibynnu ar weithgarwch bacteria.
- Mae bacteria'n defnyddio nitrogen o'r aer ac yn ei drawsnewid yn nitradau; mae planhigion yn gallu amsugno'r rhain a'u defnyddio nhw.
- Mae anifeiliaid yn cael eu nitrogen drwy fwyta proteinau planhigol.
- Mae gwastraff anifail yn dychwelyd nitrogen i'r pridd. Mae wrea'n cynnwys llawer o nitrogen, ond mae rhywfaint ohono'n bresennol mewn ymgarthion hefyd.
- Caiff nitrogen hefyd ei ddychwelyd i'r pridd pan mae anifeiliaid a phlanhigion yn marw. Mae **dadelfenyddion** (bacteria a ffyngau) yn achosi i'r cyrff marw dorri i lawr (ymddatod).
- Caiff proteinau'r corff ac wrea eu trawsnewid yn amonia yn ystod proses dadelfennu.

- Mae bacteria yn y pridd yn gallu troi'r amonia hwn yn nitradau, ac yna gall planhigion ailddefnyddio'r nitradau hyn.

- Mae math arall o facteria'n troi nitradau pridd yn ôl yn nitrogen nwyol; caiff hwn ei ryddhau'n ôl i'r atmosffer i gwblhau'r gylchred.

Wrea ac wreas

Adolygwyd

Mae'r bacteria yn defnyddio'r ensym **wreas** i dorri wrea i lawr.

$$\text{wrea} \xrightarrow{\text{wreas}} \text{amonia + carbon deuocsid}$$

Gan fod hyn yn adwaith sydd wedi'i chatalyddu gan ensym, mae gwahanol ffactorau'n dylanwadu arno.

- Mae tymheredd cynnes yn cyflymu gwaith yr ensym, ond os bydd y tymheredd yn mynd yn uwch na 60°C, caiff yr ensym ei ddinistrio (**dadnatureiddio**) a bydd yr adwaith yn dod i ben.

- Y pH optimwm ar gyfer wreas yw tua 7. Os bydd y pH yn mynd yn llawer uwch neu'n llawer is na 7, bydd yr ensym yn dadnatureiddio.

- Mae cynyddu crynodiad yr wreas neu'r wrea yn gallu cyflymu'r adwaith, cyn belled â bod y ffactorau eraill yn caniatáu hynny.

Awgrym arholwr

Cofiwch, mewn cwestiynau Ansawdd y Cyfathrebu Ysgrifenedig fel Cwestiwn **16**, bydd yr arholwyr yn chwilio am eglurhad clir. Os cewch chi'r ffeithiau sylfaenol yn gywir ond nad yw eich eglurhad yn glir neu fod diffyg manylion ynddo, gallwch chi golli marciau. Gweler tudalennau 110–111 am fwy o gymorth i ateb cwestiynau ACY.

Profi dealltwriaeth

Profwyd

15 Mae'r diagram llif yn dangos rhan o'r gylchred nitrogen mewn cae lle mae gwartheg yn pori.

a) Enwch y prosesau M, N a K. *(3 marc)*

b) Enwch y cemegyn L a'r ensym X. *(2 farc)*

16 Mae gan Bethan gae o wair y tu ôl i'w thŷ. Mae hi wedi sylwi bod y gwair yn llawer hirach mewn rhai mannau yn y cae. Daeth hi o hyd i feillion yn tyfu ymysg y gwair yn y lleoedd hyn i gyd. Mae gan wreiddiau meillion ffurfiadau o'r enw gwreiddgnepynnau, sy'n cynnwys bacteria sy'n trawsnewid nitrogen yn nitradau. Awgrymwch reswm pam mae'r gwair yn tyfu'n llawer hirach yn agos at y meillion. *(6 marc ACY)*

17 Cynhaliodd Sara a Rhys arbrawf i ymchwilio i effaith cynyddu crynodiad wreas ar y gyfradd y mae wrea'n torri i lawr. Fe wnaethon nhw fesur swm y nwy carbon deuocsid oedd yn cael ei ryddhau mewn 5 munud. Cafodd y pH ei reoli ar 7 a'r tymheredd ar 40°C. Mae'r tabl yn dangos eu canlyniadau:

a) Awgrymwch eglurhad am y canlyniadau hyn. *(1 marc)*

b) Pam cadwodd Sara a Rhys yr adwaith ar 40°C yn hytrach nag ar dymheredd ystafell? *(1 marc)*

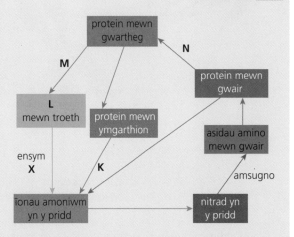

Crynodiad yr wreas (%)	Cyfaint y nwy gafodd ei ryddhau mewn 5 munud (cm³)
1	12
2	11
3	12
4	13
5	11

Ewch ar lein i gael yr atebion

Ar lein

Cromosomau, genynnau a DNA

Diffiniadau

- Mae **genynnau** i'w cael yng nghnewyllyn cell. Genynnau sy'n pennu'r holl nodweddion mae organeb yn eu hetifeddu.
- Mae genynnau wedi'u cysylltu â'i gilydd mewn llinynnau hir o'r enw **cromosomau**.
- Mae genynnau wedi'u gwneud o foleciwl cemegol o'r enw **DNA**.

Mae'r diagram yn dangos y gydberthynas rhwng DNA, genynnau a chromosomau.

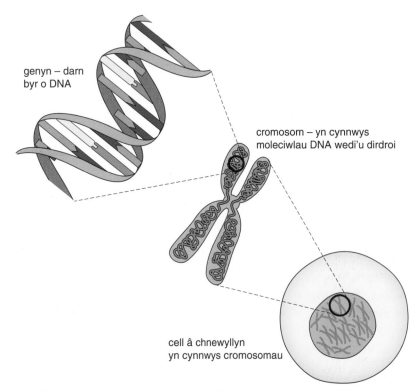

genyn – darn byr o DNA

cromosom – yn cynnwys moleciwlau DNA wedi'u dirdroi

cell â chnewyllyn yn cynnwys cromosomau

↑ **Adeiledd genyn mewn perthynas â DNA a chromosomau**

Rhagor am enynnau a chromosomau

Mae'r set gyfan o gromosomau mewn corffgell yn cynnwys parau o gromosomau. Daeth un o bob pâr yn wreiddiol o'r rhiant gwryw yn y sberm neu'r paill, a daeth y llall o'r rhiant benyw yn y gell wy. Mae gan fodau dynol, er enghraifft, 46 o gromosomau – 23 o'r fam a 23 o'r tad.

Mae hyn yn golygu bod genynnau hefyd yn dod mewn parau, oherwydd mae'r parau o gromosomau'n cynnwys yr un genynnau â'i gilydd. Mae pob pâr o enynnau'n rheoli'r un nodwedd ond dydyn nhw ddim o reidrwydd yn unfath, gan fod genynnau'n dod mewn gwahanol ffurfiau o'r enw **alelau**. Er enghraifft, mae'r genyn llabed clust dynol naill ai'n gallu bod yn alel 'llabed yn bresennol' neu'n alel 'llabed yn absennol', ac mae tri alel – A, B ac O – gan y genyn sy'n penderfynu eich grŵp gwaed.

Awgrym arholwr

Mae ymgeiswyr yn aml yn drysu rhwng genyn ac alel wrth ateb cwestiwn arholiad. Gwnewch yn siŵr eich bod chi'n gwybod y gwahaniaeth ac yn gallu ei egluro'n glir.

Mae DNA yn foleciwl anarferol iawn oherwydd mae'n gallu gwneud copïau ohono'i hun. Pan mae cell yn ymrannu, mae'r DNA yn dyblygu fel y bydd set lawn o enynnau gan y ddwy gell newydd. Mae DNA yn cynnwys gwybodaeth (cod genynnol) ar gyfer cynhyrchu gwahanol fathau o broteinau. Y proteinau hyn sy'n pennu sut mae'r gell yn gweithio, a dyma sut mae genynnau yn y DNA yn rheoli nodweddion yr organeb.

Awgrym arholwr

Pos yw Cwestiwn **19** rhan **a)** mewn gwirionedd, a does dim angen i chi gofio dim bioleg i gael y marciau. Bydd pob papur bron yn cynnwys rhai marciau am ymarferion datrys problemau fel hyn. Peidiwch â digalonni os nad ydych chi'n 'cofio' yr ateb.

Profi dealltwriaeth

Profwyd

18 Llenwch y bylchau yn y darn canlynol am gelloedd.

Mae nodweddion organebau byw yn cael eu rheoli gan ffurfiadau o'r enw _____, sydd i'w cael mewn llinynnau hir o'r enw _____ yng _____ cell. Mae'r ffurfiadau hyn wedi'u gwneud o gemegyn o'r enw _____, sy'n cynnwys cod sy'n rheoli sut mae'r gell yn cynhyrchu _____. *(5 marc)*

19 Mae DNA yn cynnwys cod sy'n rhoi asidau amino mewn trefn i ffurfio proteinau. Mae'r llythrennau A, G, T ac C yn cynrychioli'r cod. Mae'r diagram syml yn dangos edefyn DNA gyda'i god a'r asidau amino'n cael eu trefnu i ffurfio protein.

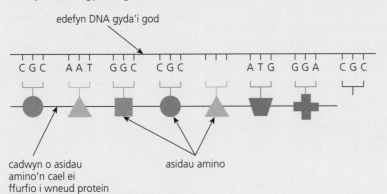

edefyn DNA gyda'i god

C G C   A A T   G G C   C G C | | | A T G   G G A   C G C

cadwyn o asidau amino'n cael ei ffurfio i wneud protein

asidau amino

a) Cwblhewch y diagram drwy:

   i) lluniadu'r asid amino sydd ar goll *(1 marc)*

   ii) ysgrifennu'r darn o'r cod sydd ar goll. *(1 marc)*

b) Digwyddodd mwtaniad a newidiodd y cod yn yr edefyn DNA uchod. Awgrymwch beth fyddai effaith hyn ar y protein sy'n cael ei ffurfio. *(1 marc)*

20 a) Eglurwch y gwahaniaeth rhwng y canlynol:

   i) genyn ac alel. *(1 marc)*

   ii) cromosom a chnewyllyn. *(1 marc)*

b) Pa un o'r canlynol yw'r disgrifiad **gorau** o sut mae DNA yn gweithio? *(1 marc)*

   A Cemegyn yw DNA sy'n rheoli'r proteinau mae cell yn eu gwneud.

   B Mae DNA i'w gael yng nghnewyllyn y gell.

   C Gallwn ni echdynnu DNA o gell a'i ddadansoddi.

   Ch Mae genynnau wedi'u gwneud o DNA.

Ewch ar lein i gael yr atebion

Ar lein

Dadansoddi DNA

Golwg gyffredinol

Mae genynnau pob organeb fyw wedi'u gwneud o DNA. Ar wahân i **efeilliaid unfath** a **chlonau**, mae set unigryw o enynnau gan bob organeb, ac felly mae DNA un math o organeb yn wahanol i DNA pob peth byw arall. Mae'r gwahaniaethau hyn yn eithaf bach, oherwydd mae llawer o nodweddion cyffredin gan DNA pethau byw hefyd.

Erbyn heddiw, mae'n bosibl i wyddonwyr ddadansoddi samplau bach iawn o DNA. Y technegau yw **proffilio DNA**, sy'n cael ei ddefnyddio at ddibenion adnabod gan mwyaf, a **dilyniannu DNA**, sy'n cael ei ddefnyddio i gael gwybodaeth am enynnau unigolion.

Proffilio DNA

Ffordd o ddadansoddi sampl o DNA yw proffilio DNA. Enw arall ar y broses yw **proffilio genetig**. Mae'r DNA yn cael ei 'dorri' yn ddarnau byr, sydd yna'n cael eu dadansoddi drwy wahanu'r cemegion yn y DNA yn gyfres o 'fandiau' ar gel. Mae patrwm y bandiau'n rhoi 'proffil genetig'. Gan fod DNA pawb (heblaw gefeilliaid unfath) yn wahanol, gallwn ni ddefnyddio'r proffil i adnabod unigolyn â sicrwydd llwyr bron. (Mae'r posibilrwydd bod yr un proffil gan ddau unigolyn sydd ddim yn efeilliaid unfath tua biliwn i un.) Swm bach iawn o DNA sydd ei angen i gynnal prawf, a bydd hyd yn oed ychydig o gelloedd yn darparu digon o DNA i'w brofi. Dyma enghreifftiau o sut mae proffilio DNA yn cael ei ddefnyddio:

> ### Awgrym arholwr
> Yn aml, mae pobl yn cyfeirio at broffilio genetig fel 'cymryd olion bysedd genetig'. Nid yw hwn yn derm gwyddonol ac ni chaiff ei dderbyn fel ateb mewn arholiadau.

● **Ymchwilio i droseddau.** Mae troseddwyr bron bob amser yn gadael rhy>faint o DNA ar safle trosedd. Gall y DNA hwn gael ei gymharu â DNA y bobl sydd dan amheuaeth.

● **Profi tadolaeth**. Bydd proffil DNA unigolyn yn wahanol i rai ei rieni, ond bydd yn dangos llawer o nodweddion tebyg. Gallwn ni ddefnyddio'r rhain i benderfynu pwy yw tad naturiol plentyn os oes dadl am y mater.

● **Adnabod dioddefwyr**. Cafodd proffilio DNA ei ddefnyddio i helpu i adnabod dioddefwyr bomio 9/11 yn Efrog Newydd, a milwyr anhysbys a gafodd eu lladd yn y Rhyfel Byd Cyntaf, drwy gymharu eu DNA â pherthnasau byw posibl.

● Darganfod presenoldeb genyn a all achosi **anhwylder** neu **glefyd genetig**.

● **Cymharu DNA organebau gwahanol** i weld pa mor agos yw'r berthynas rhyngddynt. Bydd tebygrwydd mawr gan ddilyniannau basau DNA organebau sy'n perthyn yn agos i'w gilydd. Yr agosaf yw'r berthynas, y mwyaf tebyg fydd y DNA.

Anfanteision dadansoddi DNA

Mae rhai pobl yn gwrthwynebu rhai agweddau penodol ar ddadansoddi DNA.

- Yn ystod ymchwiliadau'r heddlu, gall samplau DNA pobl ddieuog gael eu cymryd a'u cadw ar gofnod am gyfnod. Mae rhai pobl yn credu bod hyn yn groes i'w rhyddid sifil.

- Gallai dilyniannu DNA ddod o hyd i anhwylder nad yw'n amlwg eto, neu'r tebygolrwydd y bydd problem iechyd yn codi yn y dyfodol. Pe bai cyflogwyr neu gwmnïau yswiriant yn cael y wybodaeth hon, gallai effeithio ar yrfa'r unigolyn, neu ar gost ei yswiriant iechyd neu yswiriant bywyd.

- Gallai unigolyn ganfod ei fod yn fwy tebygol na'r cyfartaledd o ddioddef o gyflwr penodol yn y dyfodol. Tebygolrwydd ystadegol yw hwn, nid sicrwydd, a gallai achosi straen i'r unigolyn a fyddai'n ddiangen yn y pen draw.

> **Awgrym arholwr**
>
> Pan fydd cwestiynau'n defnyddio'r gair **awgrymwch**, mae'n golygu bod mwy nag un ateb derbyniol.

Profi dealltwriaeth

21 Roedd y darn hwn ar dudalen flaen papur newydd y Western Mail ym mis Ionawr 2008.

> **Dicter oherwydd bod un o bob deg ohonom ar gronfa ddata DNA**
>
> Mae bron i un o bob deg o bobl Cymru ar y gronfa ddata DNA genedlaethol. Dydy llawer o'r 264,420 o bobl ar y gronfa ddata ddim wedi cael eu cyhuddo o unrhyw drosedd erioed, ond mae sampl o'u DNA yn cael ei gadw am oes.

a) Awgrymwch **un** rheswm pam mae rhai pobl, sydd heb gael eu cyhuddo o drosedd erioed, yn erbyn i'w samplau DNA gael eu cadw ar gofnod. *(1 marc)*

b) Awgrymwch **un** fantais i'r heddlu o gadw cronfa ddata DNA. *(1 marc)*

22 Isod mae rhai proffiliau DNA. Cafodd sampl A ei gymryd o safle trosedd. Mae'r samplau eraill yn dod o bedwar unigolyn mae'r heddlu'n amau eu bod wedi cyflawni'r trosedd.

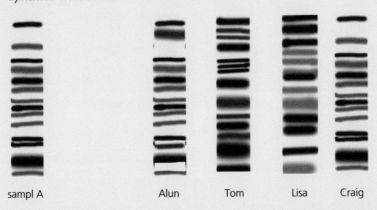

sampl A   Alun   Tom   Lisa   Craig

a) Yn seiliedig ar y samplau, pwy yw'r troseddwr yn eich barn chi? Rhowch reswm am eich ateb. *(2 farc)*

b) Mae dau o'r unigolion sy'n cael eu hamau yn perthyn i'w gilydd. Pa ddau sy'n perthyn i'w gilydd yn eich barn chi? Eglurwch eich ateb. *(3 marc)*

c) Eglurwch pam mae proffilio genetig yn gallu rhoi tystiolaeth mewn mwy o achosion nag y mae cymryd olion bysedd. *(2 farc)*

Ewch ar lein i gael yr atebion

Ar lein

Ffurfiant gametau

Math gwahanol o gellraniad

Fel rheol, pan mae celloedd yn ymrannu, mae'r 'epilgelloedd' newydd yn cael set lawn o gromosomau. Ond byddai problemau'n codi pe bai'r un peth yn digwydd wrth i **gametau** (celloedd rhyw) gael eu ffurfio. Yn ystod ffrwythloniad mae dau gamet yn asio i greu un gell newydd. Pe bai gan y gametau set lawn o gromosomau, byddai gan y gell newydd ddwywaith y nifer gywir o gromosomau.

I osgoi hyn, mae gametau'n cael eu ffurfio drwy fath arbennig o gellraniad lle mai dim ond **hanner set o gromosomau** sy'n cael ei drosglwyddo. Cofiwch fod y cromosomau mewn parau, a phan gaiff gametau eu ffurfio, caiff **un o bob pâr** o gromosomau ei drosglwyddo.

Fel arfer, mae cellraniad yn cynhyrchu celloedd newydd sy'n enetig unfath, ond dydy hynny ddim yn wir yn achos gametau. Ym mhob hanner set o gromosomau mae cyfuniad gwahanol o gromosomau, ac felly dydy'r gametau **ddim yn enetig unfath**.

Pan mae ffrwythloniad yn digwydd, mae'r gametau'n asio gyda'i gilydd a bydd y gell newydd yn cynnwys set lawn (46) o gromosomau. Mae'r diagram isod yn crynhoi beth sy'n digwydd mewn bodau dynol.

> **Awgrym arholwr**
>
> Enw'r broses hon yw 'meiosis'. Term biolegol yw meiosis ac mae'r fanyleb yn dweud nad oes rhaid i chi ei wybod. Bydd unrhyw derm sydd ddim yn y fanyleb yn cael ei ddiffinio yn y cwestiwn. Os *bydd* yn y fanyleb, fodd bynnag, bydd disgwyl i chi ei wybod.

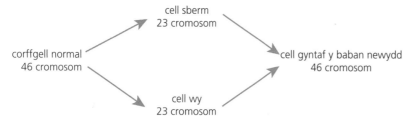

↑ **Sut mae nifer y cromosomau'n newid cyn, yn ystod ac ar ôl ffrwythloniad**

Pennu rhyw

Un pâr penodol o gromosomau sy'n penderfynu a fydd baban yn fachgen neu'n ferch. Enw'r rhain yw'r **cromosomau rhyw**. Mewn merched, mae'r pâr o gromosomau'n edrych yr un fath â'i gilydd. Mae'r ddau ar siâp x, a'u henw yw cromosomau X. Mewn bechgyn, mae'r ddau gromosom yn edrych yn wahanol – mae un ar siâp x, ond mae'r llall yn debycach i Y. Rydym ni'n dweud bod merched yn 'XX' a bechgyn yn 'XY'. Bydd rhyw baban yn cael ei benderfynu fel hyn:

- Dim ond un o'r pâr o gromosomau rhyw fydd yn y celloedd wy a'r celloedd sberm.

- Bydd yr holl gelloedd wy yn cynnwys cromosom X (oherwydd dim ond y rhain sydd gan fenywod).

- Bydd hanner y celloedd sberm yn cynnwys cromosom X, a'r hanner arall yn cynnwys cromosom Y.

- Os bydd yr wy yn cael ei ffrwythloni gan sberm sy'n cynnwys cromosom X, bydd y baban yn XX (merch).

- Os bydd yr wy yn cael ei ffrwythloni gan sberm sy'n cynnwys cromosom Y, bydd y baban yn XY (bachgen).

- Mae hyn yn golygu tebygolrwydd hafal (50:50) y bydd rhieni'n cael bachgen neu ferch.

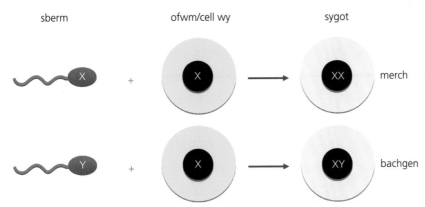

↑ Sut caiff bechgyn a merched eu ffurfio yn ystod ffrwythloniad

Awgrym arholwr

Cofiwch, mewn cwestiynau Ansawdd Cyfathrebu Ysgrifenedig fel Cwestiwn **24** rhan **a)**, bydd yr arholwyr yn chwilio am eglurhad clir. Os cewch chi'r ffeithiau sylfaenol yn gywir ond nad yw eich eglurhad yn glir neu fod diffyg manylion ynddo, gallwch chi golli marciau. Gweler tudalennau 110–111 am fwy o gymorth i ateb cwestiynau ACY.

Profi dealltwriaeth — Profwyd

23 Mae'r diagram yn dangos cynhyrchu gametau (celloedd rhyw) dynol drwy fath o gellraniad o'r enw meiosis. Mae corffgelloedd dynol yn cynnwys 46 o gromosomau.

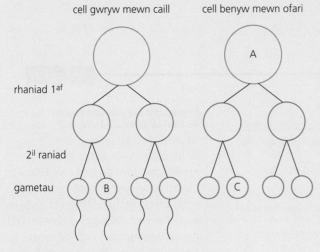

a) Nodwch nifer y cromosomau yn:

   i) cell A *(1 marc)*

   ii) cell B. *(1 marc)*

b) Enwch y math o gamet sydd wedi'i labelu'n C. *(1 marc)*

c) Rhowch **un** rheswm pam mae meiosis yn digwydd pan fydd gametau yn cael eu cynhyrchu. *(1 marc)*

24 a) Weithiau, byddwn ni'n dweud 'Y tad sy'n pennu rhyw'r baban'. Eglurwch y wyddoniaeth y tu ôl i'r datganiad hwn, yn nhermau ffurfio gametau. *(6 marc ACY)*

   b) Yn 2008, dywedodd y Swyddfa Ystadegau Gwladol fod 1050 o fechgyn yn cael eu geni am bob 1000 o ferched.

   i) Eglurwch pam mae tua'r un nifer o fechgyn a merched yn cael eu geni. *(3 marc)*

   ii) Awgrymwch reswm posibl pam mae'r nifer o fechgyn ychydig yn uwch. *(1 marc)*

Ewch ar lein i gael yr atebion — Ar lein

Mendel ac etifeddiad

Gregor Mendel
Adolygwyd

Datblygodd gwyddor geneteg o syniadau Gregor Mendel am fecanwaith etifeddiad. Dyma ei brif ddarganfyddiadau:

● Mae **pâr o 'ffactorau'** yn rheoli pob nodwedd. Heddiw, rydym ni'n galw'r ffactorau hyn yn alelau.

● Os yw'r alelau yr un fath, e.e. 'tal', bydd y planhigyn yn dangos y nodwedd honno.

● Os yw'r alelau'n wahanol, e.e. 'tal' a 'byr', bydd y planhigyn yn dangos nodwedd yr alel **trechol** (tal yn yr achos hwn). Dydy nodweddion y ddau alel ddim yn 'cymysgu'.

● Dim ond un o'r ddau alel sydd yn y gametau.

Cafodd gwaith Mendel ei gyhoeddi, ond mewn cylchgrawn nad oedd llawer o bobl yn ei ddarllen, ac felly cymerodd lawer o flynyddoedd i'r gymuned wyddonol gydnabod a dilysu ei ddarganfyddiadau. Yn ddiweddarach, roedd darganfod genynnau a DNA o gymorth i egluro canfyddiadau Mendel.

Termau geneteg
Adolygwyd

Term	Diffiniad
Genoteip	Gwneuthuriad genetig unigolyn, h.y. pa alelau sydd ganddo
Ffenoteip	Y ffordd mae'r genyn yn cael ei weld neu ei fynegi, e.e. blodau coch, grŵp gwaed A
Trechol	Y nodwedd sy'n ymddangos yn yr heterosygot (gweler isod)
Enciliol	Y nodwedd sy'n cael ei chuddio yn yr heterosygot (gweler isod)
F1 ac F2	Y genhedlaeth gyntaf (F1) a'r ail genhedlaeth (F2) mewn croesiad genetig
Heterosygaidd	Unigolyn â dau alel gwahanol o enyn penodol
Heterosygot	Unigolyn heterosygaidd
Homosygaidd	Unigolyn â dau alel unfath o enyn penodol
Homosygot	Unigolyn homosygaidd
Hunan-ffrwythloniad	Yn ei ffrwythloni ei hun

Awgrym arholwr

Mae termau geneteg yn cael eu defnyddio mewn cwestiynau arholiadau. Hyd yn oed os nad yw'r cwestiwn yn gofyn beth mae term yn ei olygu, bydd angen i chi wybod hyn er mwyn ateb y cwestiynau. Felly mae'n bwysig iawn i chi ddysgu'r termau hyn.

Wrth ysgrifennu genoteipiau, rydym ni'n defnyddio priflythyren ar gyfer yr alel trechol, a llythyren fach ar gyfer yr alel enciliol. Fel rheol, llythyren gyntaf y nodwedd drechol sy'n cael ei dewis. Er enghraifft os yw blodau tal yn drechol ar flodau byr, **T** fydd y symbol ar gyfer yr alel tal, a **t** (nid 'b') fydd y symbol ar gyfer yr alel byr.

Problemau geneteg
Adolygwyd

Gallwch chi ragfynegi'r genoteipiau a'r ffenoteipiau sy'n dod o groesiad penodol drwy ddefnyddio sgwâr Punnett. Y ffordd orau o ddangos y dechneg yw drwy ddefnyddio enghraifft.

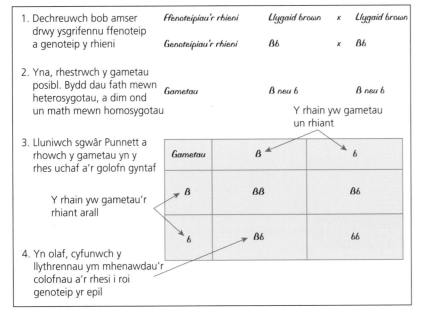

	1. Dechreuwch bob amser drwy ysgrifennu ffenoteip a genoteip y rhieni	Ffenoteipiau'r rhieni	Llygaid brown	x	Llygaid brown
		Genoteipiau'r rhieni	Bb	x	Bb

2. Yna, rhestrwch y gametau posibl. Bydd dau fath mewn heterosygotau, a dim ond un math mewn homosygotau

Gametau   B neu b   B neu b

Y rhain yw gametau un rhiant

3. Lluniwch sgwâr Punnett a rhowch y gametau yn y rhes uchaf a'r golofn gyntaf

Y rhain yw gametau'r rhiant arall

Gametau	B	b
B	BB	Bb
b	Bb	bb

4. Yn olaf, cyfunwch y llythrennau ym mhenawdau'r colofnau a'r rhesi i roi genoteip yr epil

↑ **Sut i ddefnyddio sgwâr Punnett**

BB a Bb = llygaid brown; bb = llygaid glas. Mae cymhareb 3:1 o blant â llygaid brown i blant â llygaid glas. Mae'r rhieni deirgwaith yn fwy tebygol o gael plentyn â llygaid brown na phlentyn â llygaid glas. **Nid** yw hyn yn golygu, os byddan nhw'n cael pedwar o blant, y bydd tri â llygaid brown ac un â llygaid glas.

Cymarebau mae angen i chi eu gwybod:

● Mae Aa × Aa yn rhoi 3 ffenoteip trechol:1 enciliol.

● Mae Aa × aa yn rhoi 2 trechol:2 enciliol, sef 1:1.

● Mae AA × aa yn rhoi ffenoteipiau trechol yn unig.

Mae'r croesiadau genetig hyn yn cael eu defnyddio pan mai dim ond un genyn sy'n rheoli nodwedd. Mewn bodau dynol, mae'r rhan fwyaf o nodweddion yn cael eu rheoli gan gyfuniad o nifer o enynnau.

25 Pan groesodd Mendel blanhigion pys â blodau porffor gyda phlanhigion pys â blodau gwyn, roedd blodau'r epil (F1) i gyd â blodau porffor.

   a) Gan ddefnyddio'r llythrennau R ac r i gynrychioli'r alelau, beth fyddai genoteipiau'r rhiant â blodau porffor a'r rhiant â blodau gwyn? *(2 farc)*

   b) Cwblhewch sgwâr Punnett i ddangos y croesiad rhwng y planhigion â blodau porffor a'r planhigion â blodau gwyn. *(2 farc)*

26 Lluniwch sgwâr Punnett i ddangos sut gallai dau blanhigyn pys gynhyrchu 50% o blanhigion â blodau porffor a 50% o blanhigion â blodau gwyn, wrth gael eu croesi. *(2 farc)*

27 Cynhaliodd Mendel ei arbrofion ar etifeddiad yng nghanol yr 1800au, ond doedd neb wedi deall na chydnabod pa mor bwysig oedd ei waith am 70 mlynedd. O'r rhestr isod, dewiswch y frawddeg sy'n rhoi'r disgrifiad gorau o'r rheswm am hyn.

   A Doedd Mendel ddim wedi cyhoeddi ei waith.

   B Doedd neb wedi darganfod DNA a genynnau.

   C Roedd arbrofion Mendel wedi'u cynllunio'n wael. *(1 marc)*

Ewch ar lein i gael yr atebion   Ar lein

Peirianneg genetig

Golwg gyffredinol

Peirianneg genetig (neu addasu'n enynnol) yw'r broses o drosglwyddo genynnau o un rhywogaeth i un arall. Mae'r genyn newydd yn cael ei osod i mewn i DNA yr organeb letyol, ac yna mae'r organeb letyol yn cynhyrchu'r proteinau sy'n cyfateb i god y genyn newydd. Enghraifft o hyn yw planhigyn ffa soia.

Ffa soia wedi'u haddasu'n enynnol

- Mae rhai planhigion, sy'n cynnwys genynnau penodol, yn gallu gwrthsefyll chwynladdwyr.
- Dydy'r planhigyn soia naturiol ddim yn gallu eu gwrthsefyll nhw.
- Mae'r genyn gwrthsefyll chwynladdwyr wedi cael ei adnabod a'i drosglwyddo i'r planhigyn ffa soia.
- Yna, mae'r planhigyn ffa soia'n gallu gwrthsefyll y chwynladdwr.
- Mae ffermwyr yn chwistrellu'r chwynladdwr ar eu caeau, gan wybod y bydd yn dinistrio chwyn, ond na fydd yn effeithio ar y planhigion ffa soia. Bydd hyn yn cynyddu cynnyrch ffa soia.
- Bydd ffa soia sy'n cynnwys y genyn 'annaturiol' hwn yn cael eu defnyddio i gynhyrchu bwyd i bobl, ac mae rhai pobl yn pryderu y gallai hyn achosi sgil effeithiau na allwn ni eu rhagweld.

Manteision ac anfanteision cnydau GM

Yr enw ar blanhigion sydd wedi'u haddasu'n enynnol yw **cnydau GM** (GM: *genetically modified*). Yn y DU, mae'r cyhoedd wedi gwrthwynebu tyfu a gwerthu cnydau GM.

Mae gan gnydau GM rai manteision penodol:

- Gallem ni greu cnydau gwydn sy'n gallu tyfu yn yr amodau garw sydd i'w cael mewn nifer o wledydd sy'n datblygu.
- Mae rhai cnydau'n gallu cynhyrchu 'biodanwyddau'. Gallai'r cnydau egni uchel hyn arbed adnoddau naturiol a helpu i gynnal yr amgylchedd.
- Gallai cnydau sy'n gwrthsefyll clefydau gynyddu cynnyrch.

Mae rhai anfanteision hefyd:

- Gallai genynnau sy'n cael eu cyflwyno i blanhigyn achosi sgil effeithiau nad ydym ni wedi eu rhagweld pan fydd pobl yn eu bwyta nhw.
- Gallai cnydau GM ledaenu y tu hwnt i ffermydd a dod yn chwyn, a gallai fod yn anodd lladd y rhain.
- Pe bai un cwmni'n cynhyrchu cnwd GM penodol, byddai ganddo reolaeth lwyr dros y pris.

> **Awgrym arholwr**
>
> Does dim rhaid i chi wybod y manteision a'r anfanteision penodol hyn. Bydd unrhyw awgrym rhesymol yn cael marc yn yr arholiad.

Yr angen am ymchwil gwyddonol

Mae'n anodd i bobl a llywodraethau benderfynu am gnydau GM oherwydd does dim digon o wybodaeth wyddonol ar gael. Mae'n bosibl cynyddu cynnyrch, ond mae'n ymddangos nad yw cynnyrch y cnydau GM sydd wedi'u tyfu hyd yn hyn yn llawer mwy na chynnyrch y planhigion gwreiddiol. Mae pobl yn pryderu am sgil effeithiau posibl i fodau dynol, ond dydy'r cnydau GM sydd ar gael hyd yn hyn ddim wedi achosi niwed i bobl.

Mae'n bwysig bod gwyddonwyr yn cael mwy o ddata, ac mae'n bwysig bod y data hyn:

- yn ailadroddadwy ac yn atgynyrchadwy

- yn seiliedig ar sampl mawr

- yn ddiduedd.

Gyda mwy o dystiolaeth wyddonol, gall llywodraethau dod i benderfyniadau doeth am bolisïau'n ymwneud â chnydau GM a bydd siopwyr mewn sefyllfa well i wneud dewis doeth am brynu bwydydd GM neu beidio.

Profi dealltwriaeth

28 a) Eglurwch ystyr y term 'addasu'n enynnol (GM)'. *(1 marc)*

b) Rhowch **un** enghraifft o addasiad genynnol sy'n cael ei wneud i blanhigyn cnwd a nodwch beth yw mantais yr addasiad. *(2 farc)*

c) Awgrymwch **un** rheswm gwyddonol pam mae pobl yn pryderu am addasu planhigion ac anifeiliaid yn enynnol. *(1 marc)*

29 Gallwn ni drosglwyddo genynnau'n artiffisial o un organeb i organeb arall. Aeth gwyddonwyr ati i drosglwyddo genyn, sy'n rheoli cynhyrchiad olew pysgod (fel olew iau penfras), o bysgodyn i blanhigyn had rêp. Hefyd cafodd genyn 'marcio' sy'n gwrthsefyll chwynladdwr ei drosglwyddo i'r planhigyn. Nawr, bydd y planhigyn had rêp yn cynhyrchu olew pysgodyn. Mae'r diagram yn dangos y broses.

CAM 1

Dau enyn wedi'u huno â'i gilydd

genyn 'marcio' gwrthsefyll chwynladdwr

genyn olew pysgodyn o bysgodyn

CAM 2

rhoi'r genynnau newydd yn DNA yr had rêp

genynnau newydd

DNA had rêp

CAM 3

nawr dylai'r planhigyn had rêp gynnwys y genynnau newydd

a) Dydy'r gwyddonwyr ddim yn gwybod a yw'r genyn ar gyfer cynhyrchu olew pysgod wedi cael ei gyflwyno'n llwyddiannus i DNA y planhigyn had rêp. Awgrymwch sut mae'r genyn 'marcio' sy'n gwrthsefyll chwynladdwr yn eu galluogi nhw i ddarganfod hyn. *(1 marc)*

b) Yn ôl y sôn mae olew pysgod yn dda i'r galon ac i'r system nerfol. Mae'r farchnad fyd eang ar gyfer olew pysgod wedi tyfu'n gyflym iawn dros y 25 mlynedd diwethaf. Awgrymwch **un** fantais o dyfu cnydau had rêp sydd wedi'u haddasu'n enynnol (GM) er mwyn cynhyrchu olew pysgod. *(1 marc)*

c) Awgrymwch pam mae rhai pobl yn pryderu am drosglwyddo genynnau o un rhywogaeth i un arall, yn enwedig rhwng anifeiliaid a phlanhigion. *(1 marc)*

Ewch ar lein i gael yr atebion

Ar lein

Amrywiad

Beth yw amrywiad?

Mae pob unigolyn mewn rhywogaeth benodol yn wahanol mewn ffyrdd amrywiol i bob un arall yn y rhywogaeth honno. Felly, mae pob rhywogaeth yn dangos **amrywiad**. Mae'r amrywiadau hyn yn gallu digwydd am resymau **genetig** neu **amgylcheddol**.

● Enghreifftiau o amrywiad genetig yw: lliw llygaid, lliw gwallt, lliw blodau, presenoldeb llabedi clustiau rhydd, ac ati.

● Enghreifftiau o amrywiad amgylcheddol yw: creithiau, tyllau mewn clustiau, steil gwallt, ac ati.

● Mae llawer o'r amrywiadau rhwng pethau byw yn anweladwy. Er enghraifft, gall fod gwahaniaethau yn yr ensymau sydd mewn rhai o'r celloedd. Gall hyn effeithio ar iechyd neu ffitrwydd yr organeb.

Amrywiad parhaus ac amharhaus

Gallwn ni ddosbarthu amrywiad fel amrywiad parhaus neu amharhaus.

● Mewn **amrywiad parhaus** mae'r unigolyn yn gallu bod ar unrhyw bwynt ar hyd amrediad o amrywiad, er enghraifft taldra. Mae unrhyw daldra'n bosibl rhwng taldra'r bobl fyrraf a'r rhai talaf yn y byd.

● Mewn **amrywiad amharhaus** mae categorïau penodol o amrywiad, er enghraifft grwpiau gwaed, sef A, B, AB ac O, heb ddim byd rhyngddynt.

Amrywiad ac atgenhedlu

Mae atgenhedlu rhywiol yn rhoi epil **sy'n wahanol yn enetig** i'w rhieni, oherwydd mae'r epil yn cynnwys cymysgedd o enynnau o'r ddau riant. Mewn atgenhedlu anrhywiol, dim ond un rhiant sydd, ac felly mae'n cynhyrchu epil **sy'n unfath yn enetig**. Yr enw ar yr epil hyn yw **clonau**.

Felly, mae atgenhedlu rhywiol yn achosi mwy o amrywiad. Mae hyn yn beth da i'r rhywogaeth. Os oes mwy o amrywiaeth, mae mwy o siawns cael amrywiolyn sy'n gallu ymdopi â newid yn yr amgylchedd ac a fydd yn goroesi yn yr amodau newydd. Mae hyn yn helpu i sicrhau bod y rhywogaeth yn goroesi am gyfnod hir.

Mwtaniadau

Dros gyfnod esblygiad, mae amrywiadau newydd wedi ymddangos o fewn rhywogaethau. Mae'r amrywiadau hyn yn digwydd oherwydd genynnau 'newydd' sydd erioed wedi bod yn bresennol yn y boblogaeth o'r blaen.

Proses **mwtaniad** sy'n achosi i enynnau newydd ymddangos. Bydd mwtaniad yn newid DNA genyn sy'n bodoli eisoes. Mae effaith mwtaniad yn dibynnu pa mor fawr ydyw ac a yw'n digwydd mewn rhan bwysig o'r DNA. Mae mwtaniadau'n digwydd drwy'r amser ym mhob organeb, a dydy'r rhan fwyaf ddim yn cael unrhyw effaith amlwg. Eto i gyd, gall llawer ohonynt fod yn niweidiol, er bod rhai'n fuddiol.

Mae mwtaniadau sy'n digwydd yng nghelloedd embryo sy'n datblygu yn gallu achosi effeithiau arbennig o fawr, gan y bydd y gell wedi mwtanu yn mynd ati i ffurfio miliynau o gelloedd newydd. Mae rhai mwtaniadau niweidiol yn achosi cyflyrau sy'n gallu cael eu trosglwyddo o genhedlaeth i genhedlaeth.

Mae mwtaniadau'n digwydd ar hap, ond mae'r gyfradd mwtanu'n cynyddu drwy ddod i gysylltiad â phelydriad sy'n ïoneiddio. Dyna pam mae ysbytai'n ceisio osgoi rhoi pelydr-X i fenywod beichiog. Gallai mwtaniad mewn cell embryo gael effeithiau mawr pan fydd y gell honno'n tyfu ac yn ymrannu i ffurfio miliynau o gelloedd wedi mwtanu erbyn i'r baban gyrraedd ei lawn dwf.

Profi dealltwriaeth
Profwyd

30 Mae dau fath o labed clust gan fodau dynol fel sydd i'w weld isod.

Mae myfyriwr yn ymchwilio i amrywiad mewn bodau dynol. Mae e'n gofyn i chwech o bobl beth yw eu taldra. Yna, mae e'n edrych ar eu clustiau i weld a ydy eu llabedau'n rhydd neu ynghlwm. Benywod 25 oed oedd pob un o'r rhain. Mae'r tabl yn dangos y canlyniadau.

Defnyddiwch y wybodaeth hon a'r tabl i ateb y cwestiynau isod.

Benyw	Taldra (cm)	Llabedau clustiau
1	160	rhydd
2	154	ynghlwm
3	174	rhydd
4	163	rhydd
5	152	ynghlwm
6	170	rhydd

↑ Llabed clust rydd

↑ Llabed clust ynghlwm

a) Beth yw'r gwahaniaeth mewn taldra rhwng y person talaf a'r person byrraf? Dangoswch eich gwaith cyfrifo.
(1 marc)

b) Mae'r myfyriwr eisiau i'w ymchwiliad fod yn wyddonol.

i) Nodwch **un** ffordd mae ei ymchwiliad yn brawf teg.
(1 marc)

ii) Sut gallai wneud ei ganlyniadau'n fwy atgynyrchadwy?
(1 marc)

c) Pa un o'r amrywiadau hyn (llabedau clustiau a thaldra) sy'n enghraifft o amrywiad parhaus?
(1 marc)

ch) Cwblhewch y brawddegau gan ddefnyddio rhai o'r geiriau isod:

rhywiol anrhywiol unfath gwahanol amgylchedd

Mae amrywiad yn digwydd o ganlyniad i atgenhedlu _____ pan fydd dau riant yn cynhyrchu epil â genynnau _____. Mae'r _____ yn gallu achosi amrywiad hefyd.
(3 marc)

Ewch ar lein i gael yr atebion
Ar lein

Anhwylderau genetig a therapi genynnau

Weithiau mae mwtaniad yn gallu achosi genyn 'diffygiol', ac o ganlyniad dydy'r corff ddim yn gweithredu'n iawn. Os bydd hyn yn digwydd rydym yn dweud bod **anhwylder genetig** gan unigolyn. Gall anhwylder o'r fath gael ei etifeddu gan ddisgynyddion hefyd.

Anhwylderau genetig

Adolygwyd

Un enghraifft o anhwylder genetig yw'r clefyd ffibrosis codennog, lle mae'r ysgyfaint a'r system dreulio'n llenwi â mwcws trwchus.

● Alel enciliol sy'n achosi ffibrosis codennog. (Yn yr enghraifft hon, byddwn ni'n galw'r alel normal yn N a'r alel ar gyfer ffibrosis codennog yn n.)

● Dydy pobl heterosygaidd (Nn) ddim yn dangos symptomau ffibrosis codennog.

● Bydd ffibrosis codennog gan bobl sy'n homosygaidd enciliol (nn). Byddan nhw wedi cael yr alel ar gyfer ffibrosis codennog gan eu dau riant.

● Mae'r heterosygotau'n gallu pasio'r alel ar gyfer ffibrosis codennog i'w plant; yr enw arnyn nhw yw **cludyddion**.

Mae'r sgwâr Punnett isod yn dangos sut mae dau riant normal yn gallu cael plentyn sydd â ffibrosis codennog.

Ffenoteip rhiant	Normal	×	Normal
Genoteip rhiant	Nn		Nn
Gametau	N neu n		N neu n

		Gwryw	
Gametau		**N**	**n**
Benyw	**N**	NN	Nn
	n	Nn	(nn) —yn dioddef ffibrosis codennog

Mewn egwyddor, bydd un o bob pedwar o'r plant yn dioddef ffibrosis codennog (gweler hefyd tud. 29). Mae'n debygol y bydd hanner plant y rhieni hyn yn cludo'r clefyd heb ddioddef ohono.

Enghreifftiau eraill o anhwylderau genetig yw haemoffilia, corea Huntington, a dallineb lliw coch-gwyrdd.

Therapi genynnau

Adolygwyd

Mae gwyddonwyr yn dysgu sut i drosglwyddo genynnau o un unigolyn i un arall. Yn y dyfodol, gall fod yn bosibl dileu genyn diffygiol a rhoi un normal yn ei le, er mwyn gwella anhwylderau genetig fel ffibrosis codennog. Er gwaethaf ymchwil i driniaethau does dim byd ar gael eto. Dyma rai o'r materion sy'n gysylltiedig â therapi genynnau:

● Mae'r rhan fwyaf o'r triniaethau sy'n cael eu treialu yn golygu addasu genynnau celloedd penodol. Gwellhad dros dro yn unig sy'n cael ei gynnig gan y rhain, gan y bydd y celloedd wedi'u haddasu yn marw a bydd rhai diffygiol yn cymryd eu lle eto. Bydd angen triniaeth reolaidd ar y claf.

- Dydy'r treialon clinigol ddim wedi bod yn llwyddiannus iawn hyd yn hyn (er ei bod yn dal yn ddyddiau cynnar i'r ymchwil).

- Mae'n debygol y bydd y driniaeth yn ddrud iawn, ac efallai mai dim ond i unigolion cyfoethog mewn gwledydd datblygedig y bydd hi ar gael i ddechrau.

- Os gallwn ni amnewid genynnau mewn embryonau, byddai'r newid yn barhaol. Gallai hyn achosi i bobl ddiegwyddor gyfnewid genynnau sydd ddim yn gysylltiedig â chlefyd o gwbl (e.e. rheoli lliw llygaid eu plentyn) a chreu 'babanod wedi'u dylunio'.

- Dydy rhai o'r bobl sydd ag anhwylderau genetig penodol ddim yn hoff o gael trin eu cyflwr fel 'clefyd', gan eu bod nhw'n credu bod hynny'n eu dibrisio.

- Mae gan therapi genynnau llwyddiannus y potensial i achub llawer o fywydau ac i wella ansawdd bywydau pobl.

Awgrym arholwr

Mae rhai grwpiau crefyddol yn credu na ddylai gwyddoniaeth byth 'chwarae Duw' ac arbrofi â'r corff dynol na'i addasu. Mae nifer o faterion yn y fanyleb TGAU Gwyddoniaeth sydd yn y categori hwn. Yn gyffredinol, os gofynnir i chi am wrthwynebiadau i ddatblygiad, ni chewch chi farciau am wrthwynebiadau sy'n gwbl grefyddol a heb fod yn benodol i'r pwnc.

Profi dealltwriaeth
Profwyd

31 Mae'r diagram isod yn dangos sut mae ffibrosis codennog yn cael ei etifeddu mewn teulu.

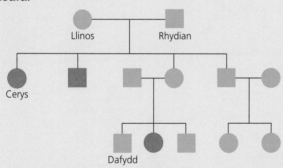

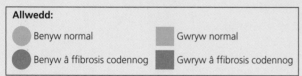

Allwedd:

● Benyw normal	■ Gwryw normal
● Benyw â ffibrosis codennog	■ Gwryw â ffibrosis codennog

a) Gan ddefnyddio **N** i gynrychioli'r alel normal ac **n** i gynrychioli'r alel ar gyfer ffibrosis codennog, nodwch beth yw genoteipiau'r nain a'r taid, Llinos a Rhydian. *(2 farc)*

b) Nodwch beth yw genoteip Cerys. *(1 marc)*

c) Nodwch y **ddau** genoteip posibl a allai fod gan Dafydd. *(2 farc)*

32 Mae therapi genynnau'n golygu amnewid genynnau diffygiol gyda genynnau iach. Mae ganddo botensial mawr o ran trin anhwylderau genetig, ond mae'r ymchwil yn ddrud iawn. Nodwch **ddau** reswm pam mae rhai pobl yn gwrthwynebu'r ymchwil hwn. *(2 farc)*

Ewch ar lein i gael yr atebion
Ar lein

Esblygiad a detholiad naturiol

Esblygiad yw newid graddol mewn rhywogaethau dros amser. Gall hyn olygu y bydd rhywogaethau newydd yn ffurfio ac y bydd rhywogaethau eraill yn mynd yn ddiflanedig. **Detholiad naturiol** yw'r mecanwaith sy'n cael ei dderbyn yn gyffredinol ar gyfer esblygiad rhywogaethau newydd. O ganlyniad i ddetholiad naturiol, mae anifeiliaid a phlanhigion yn addasu'n well i'w hamgylchedd.

Damcaniaeth detholiad naturiol   Adolygwyd

Charles Darwin a gynigiodd y ddamcaniaeth hon. Mae'n cael ei derbyn yn gyffredinol gan wyddonwyr o hyd, er bod rhai addasiadau a datblygiadau wedi digwydd o ganlyniad i ddarganfyddiadau diweddarach ym meysydd geneteg a bioleg foleciwlaidd.

Gallwn ni grynhoi'r ddamcaniaeth fel hyn:

- Mae poblogaethau pob organeb fyw yn dangos **amrywiad**. Amrywiad etifeddol yw sail esblygiad.

- Dydy hi ddim yn bosibl i bob unigolyn mewn poblogaeth oroesi, ac felly mae **cystadleuaeth** i oroesi.

- Bydd rhai amrywiolion o fewn poblogaeth wedi **addasu'n well** i'r amgylchedd, a bydd y rhain mewn gwell sefyllfa i oroesi. Weithiau, **goroesiad y cymhwysaf** yw'r ymadrodd sy'n cael ei ddefnyddio am hyn.

- Bydd y rhai sy'n goroesi'n ddigon hir i fridio yn pasio eu genynnau i'r genhedlaeth nesaf.

- Gan fod mwy o siawns o oroesi gan yr unigolion sydd wedi addasu'n well, mae eu genynnau nhw'n fwy tebygol o gael eu trosglwyddo.

- Bydd gan y genhedlaeth nesaf fwy o unigolion â'r genynnau sydd wedi addasu'n well.

- Dros gyfnod hir o amser, mae'r boblogaeth yn addasu'n well ac yn well i'w hamgylchedd, ar yr amod na fydd yr amgylchedd yn newid.

- Bydd organebau sy'n llai addas i'w hamgylchedd, neu sy'n methu addasu'n ddigon cyflym pan fydd yr amgylchedd yn newid, yn mynd yn **ddiflanedig**.

> **Awgrym arholwr**
>
> Mewn cwestiynau am ddetholiad naturiol, peidiwch ag anghofio am y gystadleuaeth i oroesi o fewn poblogaeth. Mae myfyrwyr yn aml yn methu'r cam hwn yn eu hatebion.

Enghreifftiau o esblygiad   Adolygwyd

Mae esblygiad yn digwydd drwy'r amser. Tua 50 mlynedd yn ôl, roedd warffarin yn wenwyn llwyddiannus iawn ar gyfer lladd llygod mawr. Roedd mor llwyddiannus nes bod bron pawb oedd yn ceisio cael gwared â llygod mawr yn ei ddefnyddio. Heddiw, mae'r rhan fwyaf o lygod mawr yn gallu gwrthsefyll warffarin, oherwydd y broses isod:

- Roedd rhai llygod mawr yn gallu gwrthsefyll warffarin yn naturiol.

- Pan gafodd warffarin ei ddefnyddio, yr unig lygod mawr i oroesi oedd y rhai a allai ei wrthsefyll.

- Cafodd cymaint o warffarin ei ddefnyddio nes lladd bron pob llygoden fawr na allai wrthsefyll warffarin, gan adael dim ond y llygod mawr oedd yn gallu ei wrthsefyll.

- Mae'r gallu i wrthsefyll warffarin yn enetig. Felly roedd y rhan fwyaf o epil y llygod mawr a allai wrthsefyll warffarin hefyd yn gallu ei wrthsefyll.

- Digwyddodd yr un broses dros nifer o genedlaethau, nes bod bron pob llygoden fawr ym mhoblogaeth y DU yn gallu gwrthsefyll warffarin.

Mae gwyddonwyr yn pryderu y gallai rhywbeth tebyg ddigwydd wrth i ni barhau i ddefnyddio'r un gwrthfiotigau i drin clefydau. Gallai'r bacteria ddod i allu eu gwrthsefyll, a bydd y gwrthfiotigau yn ddiwerth. I geisio atal hyn, mae meddygon yn ceisio osgoi rhoi gwrthfiotigau oni bai eu bod nhw'n hanfodol, ac maen nhw'n defnyddio amrywiaeth eang o wrthfiotigau gwahanol.

Awgrym arholwr

Gallai 'detholiad naturiol' fod yn ateb posibl i Gwestiwn **33** rhan **b) i)**, ond gan ei fod yn cael ei ddefnyddio yn y cwestiwn mae'n amhosibl mai hwn yw'r ateb gofynnol (byddai hynny'n rhy hawdd!). Mae angen i chi feddwl am ateb arall.

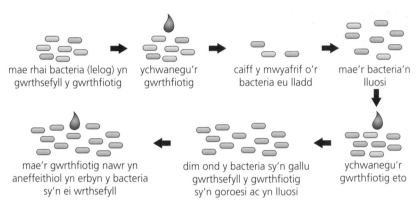

mae rhai bacteria (lelog) yn gwrthsefyll y gwrthfiotig → ychwanegu'r gwrthfiotig → caiff y mwyafrif o'r bacteria eu lladd → mae'r bacteria'n lluosi

mae'r gwrthfiotig nawr yn aneffeithiol yn erbyn y bacteria sy'n ei wrthsefyll ← dim ond y bacteria sy'n gallu gwrthsefyll y gwrthfiotig sy'n goroesi ac yn lluosi ← ychwanegu'r gwrthfiotig eto

↑ Esblygiad gallu bacteria i wrthsefyll gwrthfiotigau. Noder – mewn gwirionedd, byddai angen llawer mwy o genedlaethau cyn iddynt esblygu'r gallu i wrthsefyll y gwrthfiotigau'n llwyr.

Profi dealltwriaeth
Profwyd

33 Pysgod trofannol lliwgar yw gypïod gwryw.

- Mae eu lliwiau'n digwydd mewn amryw o batrymau.

- Genynnau sy'n rheoli'r patrymau.

- Mae rhai patrymau'n fwy cyffredin na rhai eraill.

- Mae'n fwy anodd i ysglyfaethwyr dargedu'r patrymau mwyaf lliwgar a mwy prin, ond maen nhw'n dod o hyd i'r patrymau llai lliwgar yn hawdd.

- Mae gypïod benyw yn dewis y gwrywod mwyaf lliwgar i fridio.

a) Defnyddiwch y wybodaeth hon i egluro sut mae detholiad naturiol yn golygu bod gypïod gwryw i'w cael yn y fath amrywiaeth cyfoethog o liwiau. *(5 marc)*

b) Gallem ni ddefnyddio'r enghraifft hon o ddetholiad naturiol i egluro damcaniaeth gafodd ei chyflwyno gan wyddonydd enwog yn 1859 yn ei lyfr *On the Origin of Species*.

i) Enwch y ddamcaniaeth. *(1 marc)*

ii) Enwch y gwyddonydd enwog a ddatblygodd y ddamcaniaeth. *(1 marc)*

34 Mae'r jiraff yn bwydo ar ddail coed uchel. Mae e wedi addasu i'w gynefin drwy esblygu gwddf hir a choesau hir. Mae hyn wedi digwydd drwy broses **detholiad naturiol**. Eglurwch sut gallai detholiad naturiol fod wedi achosi cynnydd yn hyd gwddf y jiraff. *(6 marc ACY)*

Ewch ar lein i gael yr atebion
Ar lein

Sensitifedd mewn planhigion ac anifeiliaid

Sensitifedd

Adolygwyd

Mae pob anifail a phob planhigyn yn **sensitif** – maen nhw'n gallu canfod newidiadau yn eu hamgylchedd. Yr enw ar newid sy'n cael ei ganfod yw **symbyliad** *(stimulus)*. Os oes angen, mae anifeiliaid a phlanhigion yn **ymateb** i symbyliadau mewn ffyrdd amrywiol.

Organau synhwyro mewn anifeiliaid

Adolygwyd

Grwpiau o gelloedd derbyn yw organau synhwyro anifeiliaid, ac mae'r celloedd hyn yn ymateb i symbyliadau penodol. Mae'r diagram yn dangos rhai enghreifftiau o organau synhwyro.

Pan gaiff celloedd organ synhwyro eu hysgogi, maen nhw'n anfon gwybodaeth ar hyd nerfgelloedd (**niwronau**) i'r **brif system nerfol** (yr ymennydd a madruddyn y cefn). Mae pob nerf yn cynnwys nifer fawr o niwronau wedi casglu gyda'i gilydd. Mae'r wybodaeth, neu'r neges, yn teithio ar ffurf **ysgogiad trydanol**. Bydd y brif system nerfol yn cyd-drefnu'r wybodaeth ac yn anfon ysgogiadau i effeithydd, sy'n gallu achosi ymateb.

symbyliad ⟶ organ synhwyro ⟶ cyd-drefnydd ⟶ effeithydd ⟶ ymateb

Mae'r holl broses o ymateb i symbyliad yn gallu bod yn gyflym iawn. Enw'r amser rhwng y symbyliad a'r ymateb yw'r **amser ymateb**.

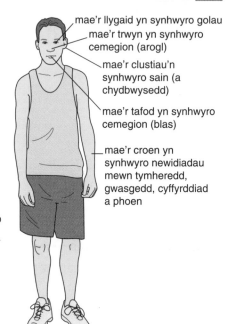

mae'r llygaid yn synhwyro golau

mae'r trwyn yn synhwyro cemegion (arogl)

mae'r clustiau'n synhwyro sain (a chydbwysedd)

mae'r tafod yn synhwyro cemegion (blas)

mae'r croen yn synhwyro newidiadau mewn tymheredd, gwasgedd, cyffyrddiad a phoen

↑ Organau synhwyro bodau dynol

Sensitifedd mewn planhigion

Adolygwyd

Mae planhigion hefyd yn sensitif i newidiadau yn eu hamgylchedd, ac mae'r rhain yn ymwneud yn bennaf â golau a disgyrchiant. Dydy planhigion ddim yn gallu symud o gwmpas, ond maen nhw'n ymateb drwy'r ffordd maen nhw'n tyfu. Pan mae hadau'n egino, mae'n bwysig eu bod nhw'n tyfu i'r cyfeiriad cywir. I sicrhau hyn, mae gwreiddiau'n tyfu tuag at dynfa disgyrchiant bob amser (tuag i lawr). Bydd y coesyn yn tyfu oddi wrth ddisgyrchiant. Enw'r ymateb i ddisgyrchiant yw **grafitropedd**. Mae gwreiddiau'n dangos **grafitropedd positif** ac mae coesynnau'n dangos **grafitropedd negatif**.

Enw'r ymateb i olau yw **ffototropedd**. Mae angen golau ar blanhigion i gyflawni ffotosynthesis, a dydyn nhw ddim yn gallu goroesi hebddo. Mae coesynnau planhigion yn dangos **ffototropedd positif**, felly maen nhw'n tyfu tuag at y golau drwy'r amser. Mae hyn yn sicrhau eu bod nhw'n cael cymaint â phosibl o olau o'u hamgylchedd.

Does dim nerfau gan blanhigion, ac mae'r tropeddau'n cael eu rheoli gan **hormonau** y planhigyn (cemegion sy'n gallu symud drwy'r planhigyn ac achosi ymateb).

Awgrym arholwr

Ni fyddwch chi wedi cynnal yr arbrawf yng Nghwestiwn **36**, ond does dim ots. Ar wahân i ran **c**), profi sgiliau trin data mae'r cwestiwn hwn (*Sut mae gwyddoniaeth yn gweithio*) ac nid gwybodaeth ffeithiol. Mae nifer o gwestiynau fel hwn ym mhob papur ac mae'n bwysig eich bod chi'n datblygu'r sgiliau hyn os ydych chi am gael y graddau gorau.

35 a) Defnyddiwch rai o'r geiriau isod i gwblhau'r tabl o synhwyrau dynol: *(3 marc)*

llygad tafod clyw blas sain golau

Organ y corff	Symbyliad	Synnwyr
		golwg
	cemegyn	
clust		

b) Defnyddiwch eiriau o'r rhestr i gwblhau'r darn isod. *(5 marc)*

ymennydd derbyn ysgogiadau trydanol hormon ymateb

Grwpiau o gelloedd _____ yw organau synhwyro. Maen nhw'n _____ i symbyliadau ac yn anfon gwybodaeth ar ffurf signalau _____ o'r enw _____ nerfol i'r _____.

36 Cynhaliodd gwyddonwyr arbrawf i gael gwybodaeth am ffototropedd mewn planhigion. Mae'r diagram isod yn dangos yr arbrawf. Ar ôl dau ddiwrnod, cofnododd y gwyddonwyr a oedd y coesynnau wedi plygu tuag at y golau.

golau

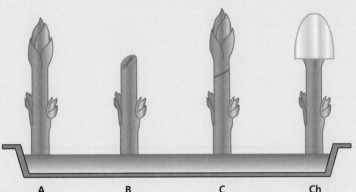

A	B	C	Ch
coesyn planhigyn ifanc (mewn un darn)	coesyn planhigyn ifanc (blaen wedi'i dorri i ffwrdd)	coesyn planhigyn ifanc (blaen wedi'i dorri i ffwrdd a'i roi'n ôl)	coesyn planhigyn ifanc (mewn un darn, blaen wedi'i orchuddio â ffoil)

A wnaeth y coesyn blygu tuag at y golau?   ✓   ✗   ✓   ✗

a) Nodwch pa un o'r casgliadau isod sy'n cael ei gyfiawnhau gan ganlyniadau'r arbrawf hwn: *(1 marc)*

A Blaen y coesyn sy'n canfod y golau.

B Hormon sy'n achosi'r plygu.

C Mae niweidio'r planhigyn yn atal yr ymateb.

Ch Mae plygu'n digwydd pan mae blaen y coesyn yn bresennol.

b) Daeth y gwyddonwyr i'r casgliad nad yw'r neges yn cael ei hanfon gan ffurfiadau tebyg i nerfau. Eglurwch sut mae tystiolaeth yr arbrawf yn cefnogi'r casgliad hwn. *(2 farc)*

c) Mae coesynnau planhigion yn tyfu tuag at olau ond oddi wrth ddisgyrchiant. Nodwch yr enw ar ymateb i ddisgyrchiant. *(1 marc)*

Homeostasis a hormonau

Mae angen i'r corff gadw rhai o'r amodau y tu mewn iddo yn gyson. Cemegion arbennig o'r enw **hormonau** sy'n gwneud hyn.

Cadw rheolaeth Adolygwyd

Mae'r corff yn gweithio drwy gyfrwng adweithiau cemegol. Mae nifer o ffactorau'n effeithio ar adweithiau cemegol, fel **tymheredd**, **pH** a **chrynodiad** yr adweithyddion. Er mwyn i'r corff weithio'n iawn, rhaid iddo gadw'r ffactorau hyn yn gymharol gyson. Dyma'r prif bethau mae'r corff yn eu rheoli:

● **Tymheredd**, fel nad yw'r adweithiau'n mynd yn rhy gyflym nac yn rhy araf. Mae tymheredd yn effeithio ar yr ensymau sy'n rheoli holl adweithiau'r corff.

● **Cynnwys dŵr**, fel nad yw'r adweithyddion yn mynd yn rhy wanedig nac yn rhy grynodedig.

● **Lefelau siwgr y gwaed**. Mae angen glwcos ar gyfer egni, ond bydd yn niweidio celloedd os bydd yn mynd yn rhy grynodedig. Felly mae'n bwysig cadw'r lefel yn gyson. Bydd lefelau glwcos hefyd yn effeithio ar grynodiadau hylifau'r corff, ac os bydd yr hylifau hyn yn rhy grynodedig mae niwed yn gallu digwydd. Mae methu rheoli lefelau glwcos y corff yn achosi clefyd o'r enw diabetes, sy'n gallu arwain at farwolaeth os nad yw'n cael ei drin.

Awgrym arholwr

Ar gyfer TGAU Gwyddoniaeth, rhaid i chi wybod sut mae'r corff yn rheoli tymheredd a lefelau siwgr. Yr enw ar gadw amodau'r corff yn gyson yw 'homeostasis'. Does dim angen i chi wybod yr enw, ond mae angen i chi ddeall y cysyniad.

Hormonau Adolygwyd

Negeswyr cemegol yw hormonau. Mae hormonau'n cael eu cynhyrchu mewn mannau penodol yn y corff ond maen nhw'n effeithio ar fannau eraill. Proteinau yw hormonau, ac maen nhw'n cael eu cludo o gwmpas y corff yn y gwaed.

Adborth negatif Adolygwyd

Mae hormonau'n rheoli lefelau ffactorau yn y corff drwy broses o'r enw adborth negatif. Mae adborth negatif yn gweithio fel hyn:

● Os bydd ffactor yn cynyddu, bydd yn cychwyn cadwyn o ddigwyddiadau sy'n achosi i'r ffactor ostwng eto.

● Os bydd y ffactor yn mynd yn rhy isel, bydd yn cychwyn cadwyn arall o ddigwyddiadau sy'n achosi i'r ffactor gynyddu.

Mae enghraifft o adborth negatif gyferbyn. Mae'n dangos sut mae dau hormon, inswlin a glwcagon, yn rheoli lefelau siwgr y gwaed.

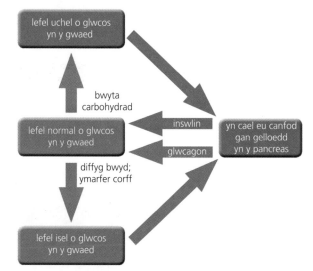

bwyta
carbohydrad

diffyg bwyd;
ymarfer corff

↑ Adborth negatif yn rheoli lefelau glwcos yn y gwaed

Awgrym arholwr

Mae gofynion y ddau gwestiwn isod yn wahanol iawn. Mae Cwestiwn **37** yn llawer haws na Chwestiwn **38**. Mae'r cwestiynau'n mynd yn anoddach wrth i chi symud ymlaen drwy'r papur. Bydd y cwestiynau cyntaf ar bapur haen sylfaenol yn eithaf hawdd, ond bydd cwestiynau olaf y papur haen uwch yn anodd iawn. Mae'n bwysig iawn peidio â gwneud camgymeriadau diofal yn y cwestiynau cyntaf; taflu marciau hawdd i ffwrdd yw hynny.

Profi dealltwriaeth   Profwyd

37 Defnyddiwch rai o'r geiriau hyn i gwblhau'r darn isod.   *(5 marc)*

unigol   system nerfol   llawer   trydanol   gwaed

cemegol   siwgr y gwaed   nerfau   hormonau

Mae gan y corff dynol brosesau i gadw ffactorau allweddol ynddo'n gymharol gyson. Un o'r ffactorau hyn yw lefel _____. _____ sy'n gwneud y gwaith rheoli. Negeswyr _____ yw'r rhain sy'n teithio yn y _____ i _____ o organau.

38 Mae'r graff isod yn dangos newidiadau yn lefel y siwgr (glwcos) a'r inswlin yng ngwaed unigolyn dros gyfnod. Hormon yw inswlin, sy'n gostwng lefel siwgr y gwaed.

lefel yn y gwaed

lefel glwcos

lefel inswlin

amser

a) Disgrifiwch y berthynas rhwng lefel y glwcos a lefel yr inswlin yn y gwaed.   *(2 farc)*

b) Mae hyn yn enghraifft o adborth negatif. Nodwch ystyr y term 'adborth negatif'.   *(1 marc)*

c) Eglurwch sut mae'r data'n dangos bod adborth negatif yn digwydd.   *(2 farc)*

Ewch ar lein i gael yr atebion   Ar lein

Rheoli glwcos a diabetes

Beth yw diabetes?

Fel rheol, mae'r corff dynol yn cadw lefelau glwcos y gwaed o fewn amrediad cyfyngedig. Mewn rhai pobl, mae'r mecanwaith rheoli'n methu ac felly maen nhw'n cael diabetes. Mae'n bosibl adfer rheolaeth yn artiffisial drwy roi pigiadau rheolaidd o'r hormon inswlin.

Rheoli lefelau glwcos y gwaed

Pan ydym ni'n bwyta bwyd sy'n cynnwys carbohydradau, mae lefel y siwgr (glwcos) yn y gwaed yn codi. I'w atal rhag codi y tu hwnt i lefel sy'n rhy uchel, mae'r **pancreas** yn cynhyrchu hormon, **inswlin**, sy'n galluogi'r celloedd i ddefnyddio'r glwcos. Hefyd, os bydd gormod o glwcos yn y gwaed o hyd, bydd inswlin yn achosi iddo gael ei drawsnewid yn **glycogen** anhydawdd. Mae hyn yn digwydd yn yr **afu/iau**, sydd yna'n ei storio ar gyfer ei ddefnyddio yn y dyfodol.

Awgrym arholwr

Os ydych chi'n sefyll y papur haen uwch, mae angen i chi wybod ychydig mwy am y mecanwaith sy'n rheoli lefelau glwcos y gwaed. Mae hyn yn cael sylw yn yr adran flaenorol ar 'Adborth negatif' (tudalennau 40–41).

Diabetes

Dydy rhai pobl ddim yn cynhyrchu digon o inswlin. O ganlyniad, gall lefelau glwcos y gwaed godi i lefelau angheuol. Dyma'r ffeithiau hanfodol mae angen i chi eu gwybod am ddiabetes:

- Os bydd doctor yn meddwl bod diabetes gan glaf, bydd yn gofyn am sampl troeth ac yn ei brofi am siwgr. Mae presenoldeb siwgr yn y troeth yn golygu bod diabetes gan y claf.

- Fel rheol, caiff troeth ei brofi am siwgr drwy ddefnyddio ffyn profi sy'n cynnwys cemegyn sy'n newid lliw pan fydd glwcos yn bresennol.

- Prawf cynharach oedd cynnal prawf Benedict am siwgr. Mae hyn yn golygu berwi'r troeth gyda hydoddiant Benedict, sy'n hydoddiant copr sylffad gwanedig. Pan gaiff ei ferwi, mae'r lliw'n newid o las clir i oren llaethog neu liw brics coch gan ddangos presenoldeb glwcos.

- Mewn pobl iach, mae'r arennau'n adamsugno'r glwcos o'r troeth. Mewn pobl â diabetes heb ei drin, mae lefelau'r glwcos mor uchel nes bod y mecanwaith yn methu ymdopi.

- Rhaid i bobl â diabetes gael pigiad inswlin cyn prydau bwyd. Yna, rhaid iddynt fwyta'r swm cywir o garbohydradau yn y pryd hwnnw i gydbwyso'r inswlin maen nhw wedi'i gymryd.

- Er mwyn gwybod faint o inswlin mae angen iddynt ei gymryd, bydd pobl sydd â diabetes yn aml yn profi lefel glwcos eu gwaed cyn pryd bwyd, gan ddefnyddio mesurydd profi gwaed.

- Mae bwyta carbohydradau'n codi lefel y siwgr yn y gwaed; mae ymarfer corff neu ddiffyg bwyd yn gostwng lefel y glwcos. Rhaid i bobl â diabetes ystyried ffactorau o'r fath wrth benderfynu faint o inswlin i'w gymryd.

- Erbyn hyn, mae rhai pobl â diabetes yn cael eu trin drwy drawsblaniad meinwe bancreatig i amnewid y celloedd pancreatig sydd wedi'u niweidio.

Mae'r ffeithiau sydd wedi'u rhestru ar y dudalen flaenorol yn berthnasol i ddiabetes 'math 1'. Mae 'math 2' o ddiabetes hefyd, sy'n cael ei drin â deiet neu dabledi yn hytrach na phigiadau inswlin (gweler tud. 49).

↑ Mae pobl â diabetes math 1 yn gorfod rhoi pigiad inswlin iddyn nhw eu hunain, weithiau sawl gwaith bob dydd

Awgrym arholwr

Yn aml iawn, bydd cwestiynau am ddiabetes yn gofyn i chi ddehongli data siwgr gwaed (naill ai o dabl neu o graff). Bydd disgwyl i chi wybod y ffactorau sy'n cynyddu ac yn lleihau lefelau glwcos y gwaed, felly gwnewch yn siŵr eich bod chi'n hyderus wrth drin y math hwn o ddata.

Profi dealltwriaeth
Profwyd

39 a) Enwch yr organ yn y corff sy'n cynhyrchu inswlin. *(1 marc)*

b) Sut mae inswlin yn lleihau crynodiad y glwcos yn y gwaed? *(1 marc)*

c) Ym mha organ yn y corff mae hyn yn digwydd? *(1 marc)*

40 Mae gan Owen ddiabetes. Mae e'n defnyddio mesurydd i fesur lefel y glwcos yn ei waed.

Cyn pob pryd o fwyd, mae Owen yn rhoi pigiad i'w hun gyda dos o inswlin sydd wedi'i fesur.

Mae'r dos yn dibynnu ar ddarlleniad ei glwcos gwaed. Os yw'r darlleniad glwcos yn uchel, mae Owen yn rhoi dos uwch o inswlin yn y pigiad.

Mae Owen yn mesur ei glwcos gwaed yn rheolaidd drwy gydol bob dydd. Mae e'n cofnodi ei ddarlleniadau mewn dyddiadur. Mae e'n ceisio cadw darlleniad ei glwcos gwaed o fewn yr amrediad normal o 4.0–7.0 (mmôl/l).

6.7
(mmol/L)

mesurydd glwcos gwaed

darlleniad

stribed profi

diferyn o waed

Mae'r tabl isod yn dangos rhan o ddyddiadur Owen dros gyfnod o 3 diwrnod.

	Lefel y glwcos yng ngwaed Owain (mmôl/l)						
Dyddiad	Cyn brecwast	2 awr ar ôl brecwast	Cyn pryd canol dydd	2 awr ar ôl pryd canol dydd	Cyn pryd gyda'r nos	2 awr ar ôl pryd gyda'r nos	Cyn mynd i'r gwely
29 Ion	7.0		9.1	6.8	4.3	(14.2)	12.9
30 Ion	9.0	7.5	7.1		6.2		7.9
31 Ion	5.3		7.4		(2.9)		8.2

a) Awgrymwch reswm dros:

i) y darlleniad uchel 2 awr ar ôl y pryd o fwyd gyda'r nos ar 29 Ion (mewn cylch). *(1 marc)*

ii) y darlleniad isel cyn y pryd o fwyd gyda'r nos ar 31 Ion (mewn cylch). *(1 marc)*

b) Awgrymwch pam mae Owen bob amser yn mesur ei glwcos gwaed cyn mynd i'r gwely. *(1 marc)*

Ewch ar lein i gael yr atebion
Ar lein

Y croen a rheoli tymheredd

Adeiledd y croen

Mae'r diagram yn dangos adeiledd y croen. Gallwch chi gael eich profi ar y labeli hyn yn yr arholiad:

- blewyn
- cyhyryn sythu
- chwarren chwys
- mandwll chwys
- dwythell chwys
- pibellau gwaed

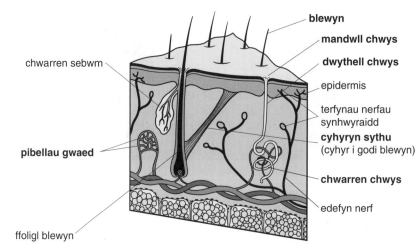

chwarren sebwm

pibellau gwaed

ffoligl blewyn

blewyn
mandwll chwys
dwythell chwys
epidermis
terfynau nerfau synhwyraidd
cyhyryn sythu (cyhyr i godi blewyn)
chwarren chwys
edefyn nerf

↑ **Toriad drwy groen dynol**

Rheoli tymheredd

Mae'r croen yn organ pwysig o ran rheoli tymheredd. Mae'n gwneud hyn mewn amryw o ffyrdd.

Mae'r pibellau gwaed yn gallu newid diamedr

Pan mae gwaed yn llifo'n agos at arwyneb y croen, caiff gwres ei golli i'r aer. Mae'r pibellau gwaed yn y croen yn gallu lledu i adael i fwy o waed lifo at yr arwyneb, neu'n gallu culhau i gyfyngu ar lif y gwaed at yr arwyneb. Mewn amodau cynnes, mae'r pibellau gwaed yn ymagor (lledu); mae mwy o waed yn llifo at yr arwyneb a chaiff mwy o wres ei golli, ac felly mae'r anifail yn oeri. Mewn amodau oer, mae'r pibellau'n darwasgu (culhau) i leihau llif y gwaed, ac felly caiff llai o wres ei golli. Dydy hyn ddim yn cynhesu'r anifail, ond mae'n ei atal rhag colli mwy o wres. Mae'r newid hwn yn llif y gwaed yn y croen yn egluro pam rydym ni'n mynd yn goch yn y gwres, ond yn welw mewn tywydd oer.

Mae'r blew'n gallu sefyll i fyny neu orwedd yn fflat

Mae'r cyhyrau sythu yn y croen yn gallu cyfangu i godi'r blew. Mae'r aer sydd wedi'i ddal rhwng y blew syth yn gweithio fel haen ynysu, ac mae'n atal y croen rhag colli gwres. Mae hyn yn digwydd mewn amodau oer, ac mae'r ynysiad y mae'r blew syth yn ei ddarparu yn cyfyngu ar faint o wres sy'n cael ei golli o'r croen. Pan mae hi'n gynnes, mae angen i'r croen golli gwres. Mae'r cyhyrau sythu'n llaesu, mae'r blew'n gorwedd yn fflat, a does dim haen o aer yn ynysu'r croen. O ganlyniad, bydd y croen yn colli mwy o wres.

Mae'r croen yn cynhyrchu chwys

Mewn amodau poeth, mae'r croen yn cynhyrchu chwys. Pan mae'r chwys yn anweddu o'r croen, mae angen gwres arno i droi'r chwys hylifol yn anwedd. Mae'r gwres hwn yn gadael y croen, ac felly'n ei oeri.

Crynu

Mae mecanwaith arall sy'n ein cynhesu mewn tywydd oer; nid yw hwn yn gysylltiedig â'r croen. Rydym ni'n crynu, ac mae'r gwres mae'r cyhyrau'n ei gynhyrchu wrth iddynt gyfangu yn cynhesu'r gwaed.

Mae'r tabl isod yn crynhoi'r mecanweithiau sy'n rheoli tymheredd y corff.

Amodau poeth	Amodau oer
Gwaed yn llifo at arwyneb y croen	Gwaed yn aros yn ddwfn yn y croen
Blew'n gorwedd yn fflat	Blew'n sefyll yn syth gan greu haen ynysu
Cynhyrchu chwys	Cynhyrchu ychydig iawn neu ddim chwys
Dim crynu	Crynu

Awgrym arholwr

Cofiwch, mewn cwestiynau Ansawdd Cyfathrebu Ysgrifenedig fel Cwestiwn **42**, bydd yr arholwyr yn chwilio am eglurhad clir. Os cewch chi'r ffeithiau sylfaenol yn gywir ond nad yw eich eglurhad yn glir neu fod diffyg manylion ynddo, gallwch chi golli marciau. Gweler tudalennau 110–111 am fwy o gymorth i ateb cwestiynau ACY.

Profi dealltwriaeth   Profwyd

41 Mae'r diagram yn dangos adeiledd y croen dynol.

a) Defnyddiwch y termau isod i labelu A, B, C ac Ch ar y diagram.   *(4 marc)*

dwythell chwys   cyhyr   capilari gwaed   mandwll chwys   blewyn

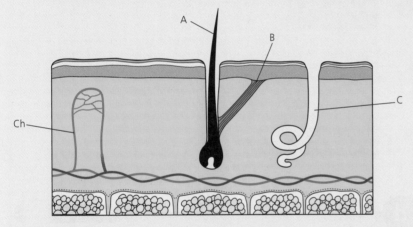

b) Cwblhewch y y tabl isod i ddangos sut mae'r croen yn helpu i leihau faint o wres sy'n cael ei golli mewn amgylchedd **oer**.   *(3 marc)*

Ffurfiad	Sut mae lleihau colled gwres
Blewyn	
	Culhau (darwasgu)
Chwarren chwys	

c) Mae crynu'n digwydd mewn tywydd oer. Sut mae hyn yn helpu?   *(1 marc)*

42 Mae adar, a mamolion, yn gallu rheoli tymheredd eu cyrff. Mae gan adar blu yn eu croen ac mae gan famolion flew. Yn y gaeaf, ond nid yn yr haf, gallwn ni weld adar yn 'fflwffio' eu plu. Awgrymwch sut gallai fflwffio ei blu helpu aderyn i reoli tymheredd ei gorff.   *(6 marc ACY)*

Ewch ar lein i gael yr atebion   Ar lein

Bwyd, egni ac iechyd

Cynnwys egni mewn bwyd
Adolygwyd

Mae'r bwyd rydym ni'n ei fwyta yn rhoi egni i ni ac yn darparu'r defnyddiau crai ar gyfer twf. Bydd bwydydd gwahanol yn rhoi symiau gwahanol o egni.

● Mae **carbohydradau** yn rhoi egni sydd ar gael yn gyflym.

● Mae **brasterau** yn rhoi mwy o egni am bob gram na charbohydradau, ond yn arafach.

● Dydy **proteinau** ddim yn cael eu defnyddio ar gyfer egni fel rheol – maen nhw'n darparu defnyddiau ar gyfer tyfu ac atgyweirio.

Os oes mwy o egni yn y bwyd rydym ni'n ei fwyta nag sydd ei angen arnom, bydd ein cyrff yn storio'r gormodedd.

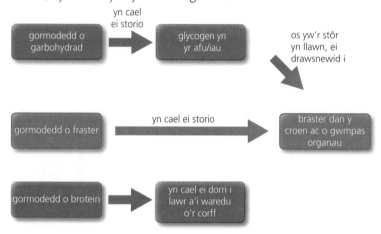

Os bydd unigolyn yn bwyta gormod o garbohydradau neu frasterau drwy'r amser, bydd ei gorff yn storio llawer o fraster a bydd yr unigolyn yn mynd dros bwysau.

Mesur yr egni mewn bwyd
Adolygwyd

Pan gaiff bwyd ei losgi, mae'r egni ynddo'n cael ei ryddhau. Gallwn ni fesur yr egni hwn drwy losgi'r bwyd i wresogi dŵr, ac yna mesur y cynnydd yn nhymheredd y dŵr. Rydym ni'n cyfrifo egni'r bwyd mewn jouleau.

1 calori = swm yr egni sydd ei angen i godi tymheredd 1 cm³ o ddŵr 1 °C.

1 calori = 4.2 joule

Gallwn ni ddefnyddio'r fformiwla hon i gyfrifo'r egni mewn 1 g o fwyd:

$$\text{egni mewn 1 g o fwyd} = \frac{\text{cyfaint y dŵr (cm}^3) \times \text{cynnydd tymheredd (°C)} \times 4.2}{\text{màs y bwyd (g)}}$$

> **Awgrym arholwr**
>
> Efallai y bydd gofyn i chi ddefnyddio'r fformiwla hon mewn cwestiwn arholiad. Does dim disgwyl i chi gofio'r fformiwla gan y bydd yn cael ei rhoi bob tro.

Bwyd ac iechyd
Adolygwyd

Mae bwyta bwyd yn ddigon diogel, ond mae bwyta gormod o rai mathau o fwyd yn gallu niweidio ein hiechyd. Mae'r tabl ar y dudalen nesaf yn dangos tri math sy'n achosi pryder.

Mae labeli bwyd yn rhoi gwybodaeth am y gwahanol gydrannau sydd mewn bwyd wedi'i becynnu. Maen nhw'n cynnwys rhestr o'r cynhwysion (yn nhrefn maint), ac yn aml bydd tabl maetholion yn dangos faint o bob math gwahanol o fwyd sydd mewn 100 g o'r cynnyrch.

Math	Pryder	Problemau iechyd cysylltiedig
Siwgr	Bwyd â llawer o egni y mae llawer o bobl yn bwyta gormod ohono	Gordewdra, sy'n gallu arwain at glefyd y galon a chyflyrau eraill
	Yn aros ar ddannedd gan fwydo bacteria	Pydredd dannedd
Braster	Bwyd â llawer o egni y mae llawer o bobl yn bwyta gormod ohono	Gordewdra, sy'n gallu arwain at glefyd y galon a chyflyrau eraill
	Mae brasterau anifeiliaid yn ffurfio colesterol yn y corff, sy'n cael ei ddyddodi y tu mewn i bibellau gwaed	Clefyd y galon
Ychwanegion	Mae ychwanegion mewn bwyd i gyd wedi cael eu profi ac maen nhw'n gyffredinol ddiogel, ond mae rhai pobl yn ymateb yn ddrwg i rai ychwanegion penodol. Mae halen yn ychwanegyn cyffredin mewn llawer o fwydydd	Gorfywiogrwydd mewn plant Asthma Alergeddau Cur pen Pwysedd gwaed uchel (halen)

Profi dealltwriaeth

Profwyd

43 Mae'r cyfarpar ar y dde wedi'i osod i fesur cynnwys egni darn o fwyd.

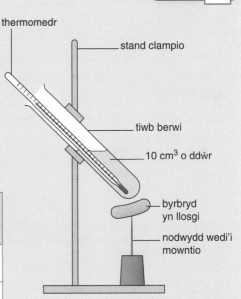

a) Nodwch **ddau** fesuriad mae'n rhaid i chi eu cymryd er mwyn darganfod cynnwys egni'r bwyd. *(2 farc)*

b) Os ydych chi'n cymharu cynnwys egni dau fath gwahanol o fwyd, nodwch **un** mesuriad arall mae angen ei gymryd. *(1 marc)*

44 Mae'r tabl isod yn dangos cynnwys tri diod a'u defnydd yn y corff. Defnyddiwch y wybodaeth **yn y tabl** i ateb y cwestiynau sy'n ei ddilyn.

	Defnydd yn y corff	Llaeth cyflawn (500 cm³)	Llaeth sgim (500 cm³)	Sudd ffrwythau (500 cm³)
Gwerth egni (kJ)	–	1315	1045	513
Protein (g)	Adeiladu ac atgyweirio organau	16	18	3.0
Carbohydrad (siwgr gan mwyaf) (g)	Darparu egni	23.5	24	40.0
Braster (g)	Storio egni	18	5.5	0
Calsiwm (mg)	Esgyrn a dannedd iach	335	350	0

a) i) Faint yn fwy o egni (mewn kJ) sydd mewn 500 cm³ o laeth cyflawn nag mewn 500 cm³ o laeth sgim? *(1 marc)*

   ii) Mae carton o laeth cyflawn yn cynnwys 1000 cm³. Faint o egni (mewn kJ) sydd wedi'i gynnwys yn y carton? *(1 marc)*

b) Mae llaeth cyflawn yn cael ei newid yn llaeth sgim drwy broses o'r enw sgimio.

   i) Beth sy'n cael ei dynnu o laeth wrth ei sgimio? *(1 marc)*

   ii) Pa fath o laeth y dylai person ei ddewis er mwyn colli pwysau? *(1 marc)*

c) Rhowch **ddau** reswm pam mae deintydd yn awgrymu y dylech chi yfed llaeth yn lle sudd ffrwythau. *(2 farc)*

Ewch ar lein i gael yr atebion

Ar lein

Ffordd o fyw ac iechyd

Mae ffordd o fyw rhywun yn effeithio mewn ffyrdd amrywiol ar ei iechyd. Mae rhai dewisiadau (er enghraifft, ymarfer corff rheolaidd a bwyta deiet iach) yn gallu bod yn fuddiol i iechyd, ond mae rhai eraill (dewisiadau bwyta gwael, diffyg ymarfer corff, camddefnyddio alcohol a chyffuriau) yn gallu arwain at broblemau iechyd difrifol.

Camddefnyddio cyffuriau

Adolygwyd

Sylwedd sy'n newid sut mae'r corff yn gweithio yw cyffur. Mae bron pob cyffur yn gwneud hyn mewn llawer o ffyrdd gwahanol, a dim ond rhai o'r effeithiau hyn sy'n fwriadol. Enw'r effeithiau eraill yw **sgil effeithiau**. Mae bodau dynol yn cymryd amrywiaeth eang o gyffuriau, ac maen nhw'n gallu bod yn fuddiol iawn wrth drin clefydau. Ond, os byddwn ni'n cymryd gormod o gyffuriau, gall yr effeithiau fod yn ddifrifol. **Camddefnyddio cyffuriau** yw'r enw ar hyn.

Mae cyffuriau'n effeithio ar y prosesau cemegol yn y corff. Gall hyn achosi effeithiau corfforol ac, os ydyn nhw'n effeithio ar y prosesau yn yr ymennydd, effeithiau meddyliol hefyd. Mae rhai cyffuriau'n achosi caethiwed corfforol – os stopiwch chi gymryd y cyffur, mae **effeithiau diddyfnu** (*withdrawal*) annymunol yn ymddangos nes i chi gael dos arall.

Mae rhai enghreifftiau o effeithiau camddefnyddio cyffuriau yn y rhestr isod.

Cyffur	Effeithiau
Canabis	Pendro a chyfog, panig, eisiau bwyd, pwysedd gwaed uchel, problemau seicolegol
Amffetaminau	Caethiwed, cynyddu cyfradd y galon, cyfog, pwysedd gwaed isel, problemau seicolegol
Cocên	Tebyg i amffetaminau ond llawer mwy caethiwus a mwy tebygol o arwain at broblemau seicolegol, gan gynnwys iselder a gorbryder, risg o drawiad ar y galon
Heroin	Arafu'r corff, cyffur lleddfu poen effeithiol, caethiwus dros ben, problemau seicolegol
Steroidau anabolig	Adeiladu cyhyrau, cynyddu'r risg o fethiant yr afu/iau, clefyd y galon a strôc; gall achosi effeithiau trawsrywedd (e.e. datblygu bronnau mewn dynion, blew ar yr wyneb mewn menywod)

Awgrym arholwr

Enghreifftiau yn unig yw'r cyffuriau a'r effeithiau yn y tabl – ni fydd cwestiwn am unrhyw gyffur **penodol** (ar wahân i alcohol) yn yr arholiad. Efallai y bydd gofyn i chi roi enghraifft o effeithiau cyffur ar y corff, ac os felly, gallech chi ddefnyddio unrhyw un o'r rhai uchod.

Camddefnyddio alcohol

Adolygwyd

Cyffur yw alcohol, ac fel cyffuriau eraill mae'n gallu cael effeithiau niweidiol o gymryd llawer ohono neu o'i gymryd yn aml iawn.

Mae alcohol yn **arafu prosesau'r corff**. Felly bydd cael diod feddwol yn gwneud i bobl ymateb yn arafach. Gall hyn fod yn beryglus wrth yrru, defnyddio peiriannau, neu wneud unrhyw beth lle mae angen canolbwyntio er mwyn osgoi perygl. Mae alcohol yn cael ei brosesu yn yr afu/iau, ond mae'n wenwyn, ac mae defnyddio alcohol am gyfnod hir neu ei orddefnyddio yn gallu achosi **niwed difrifol i'r afu/iau**.

Mae yfed gormod o alcohol hefyd yn gallu achosi clefydau yn yr **arennau** a'r **stumog**.

www.therevisionbutton.co.uk/myrevisionnotes

Gordewdra

Mae gordewdra'n digwydd o ganlyniad i ddeiet sydd ddim yn iach a diffyg ymarfer corff. Mae'n effeithio ar iechyd mewn llawer o ffyrdd a bydd yn cynyddu'r risg o'r canlynol:

- clefyd y galon
- rhai canserau
- pwysedd gwaed uchel
- diabetes math 2.

Mae'r adran 'Rheoli glwcos a diabetes' (tudalennau 42–43) yn trafod **diabetes math 1**, sydd ddim yn gysylltiedig â bod dros bwysau. Mae diabetes math 2 yn tueddu i ddatblygu mewn pobl ganol oed, ac fel rheol mae'n cael ei reoli â thabledi yn hytrach na phigiadau inswlin.

Profi dealltwriaeth

45 Mae'r tabl yn dangos sut mae rhai dewisiadau ffordd o fyw'n gallu effeithio ar iechyd.
Defnyddiwch y wybodaeth i ateb y cwestiynau.

  a) Pa sylwedd bwyd sy'n gallu cynyddu'r risg o glefyd y galon? *(1 marc)*

  b) Sut gall person leihau'r risg o ordewdra a strôc? *(2 farc)*

  c) Enwch **ddau** o organau'r corff lle mae clefyd yn gallu datblygu o ganlyniad i yfed gormod o alcohol. *(1 marc)*

Dewis ffordd o fyw	Risg iechyd uwch
Bwyta gormod o fwyd â llawer o egni	Gordewdra
Deiet llawn braster	Clefyd y galon
Gormod o halen yn y deiet	Strôc
Yfed gormod o alcohol	Clefyd arennau Llid ar y stumog Cirosis yr afu/iau

46 Cafodd samplau gwaed eu cymryd o berson cyn iddo yfed alcohol a phob awr am 5 awr wedi hynny. Mae'r graff ar y dde'n dangos canlyniadau crynodiad yr alcohol yn y gwaed. Defnyddiwch y graff i ateb y cwestiynau canlynol.

  a) Beth oedd crynodiad yr alcohol yn y gwaed ar ôl 1½ awr? *(1 marc)*

  Mae'n anghyfreithlon gyrru os yw crynodiad yr alcohol yn fwy na 80 mg/100 cm³.

  b) Defnyddiwch y graff i ddarganfod am faint o amser y byddai'r person hwn dros y terfyn o 80 mg/100 cm³. *(1 marc)*

  c) Pam mae yfed alcohol yn cynyddu'r siawns o gael damwain? Dewiswch yr ateb cywir. *(1 marc)*

  A Mae'n symbylydd.

  B Mae'n achosi i bobl siarad yn aneglur.

  C Mae'n arafu ymateb.

  Ch Mae'n oeri'r corff.

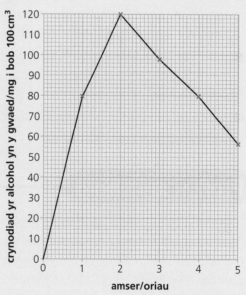

Ewch ar lein i gael yr atebion

Ar lein

Trin clefydau

Mae gwyddoniaeth yn chwarae rhan fawr mewn cadw pobl yn iach. Mae'n gwneud hyn yn y ffyrdd canlynol:

- Dod o hyd i ffyrdd o wella neu o drin clefydau.
- Darganfod beth sy'n achosi clefydau a chynghori pobl sut i'w hatal.
- Atal clefydau drwy ddatblygu a rhoi brechiadau.

Cyffuriau i drin clefydau
Adolygwyd

Mae clefydau'n cael eu trin drwy ddatblygu cyffuriau meddyginiaethol neu drwy ddefnyddio therapïau eraill. Mae nifer o faterion yn codi o drin clefydau â chyffuriau.

- Fel rheol, mae cyffuriau'n achosi **sgil effeithiau** a gall y rhain fod yn ddifrifol.
- Mae angen profi cyffuriau **yn drwyadl ac ar raddfa fawr**. Mae hyn yn ddrud ac yn cymryd amser maith. Mae'r profi'n cynnwys rheoli risg a phwyso'r manteision yn erbyn unrhyw anfanteision.
- Mae llawer o gyffuriau'n **ddrud iawn**. Mae cyllidebau cyfyngedig gan weinyddwyr gwasanaethau iechyd a rhaid iddynt benderfynu pa mor fforddiadwy a chost-effeithiol yw triniaethau â chyffuriau.

Materion moesegol
Adolygwyd

Dyma enghreifftiau o rai o'r materion sy'n codi o drin cleifion â chyffuriau.

- Dydy rhai cyffuriau drud ddim yn gwella cyflwr, ond maen nhw'n gallu estyn hyd bywyd claf. Gall prynu cyffur o'r fath i drin cleifion olygu bod llai o arian ar gael i raglenni neu gyfleusterau triniaeth eraill.
- Mae rhai cyffuriau'n effeithiol mewn nifer bach o bobl yn unig. Byddai trin pobl sydd ddim yn ymateb i'r cyffur yn y pen draw yn gwastraffu llawer o arian.
- Weithiau, bydd cyffur newydd ychydig bach yn fwy effeithiol na hen un, ond yn llawer drutach.

Profi ar anifeiliaid
Adolygwyd

Caiff cyffuriau newydd eu profi ar anifeiliaid mewn labordy yn gyntaf i chwilio am sgil effeithiau, cyn iddynt gael eu profi ar fodau dynol. Mewn rhai achosion, gall yr arbrofion fod yn boenus neu leihau ansawdd bywyd yr anifail. Mae llawer o bobl yn gwrthwynebu profi ar anifeiliaid, ond mae ymchwilwyr meddygol yn mynnu bod angen gwneud hyn ar adegau. Dadl y bobl sydd yn erbyn profi ar anifeiliaid yw:

- Mae'n achosi i'r anifeiliaid ddioddef.
- Dydy'r buddion i fodau dynol ddim wedi cael eu profi. Dydy anifeiliaid ddim yn fodau dynol, ac felly mae'n bosibl y byddan nhw'n ymateb yn wahanol i gyffuriau.
- Mae dulliau eraill ar gael i'w defnyddio.

Dyma ddadleuon rhai gwyddonwyr o blaid profi ar anifeiliaid:

● Mae gwyddonwyr trwyddedig yn ceisio lleihau dioddefaint yr anifeiliaid gymaint â phosibl, ac ar y cyfan maen nhw'n gofalu amdanynt yn dda.

● Mae'r ymchwil yn dod â buddion i fodau dynol a does dim ffordd arall o gael y rhain.

Dewisiadau eraill yn lle profi ar anifeiliaid yw:

● Defnyddio modelau cyfrifiadurol.

● Profi ar feithriniadau meinwe o gelloedd anifail yn hytrach nag anifeiliaid cyfan.

● Gallai astudiaethau damcaniaethol ac ystadegol o glefydau mewn bodau dynol osgoi rhai o'r profion ar anifeiliaid.

Awgrym arholwr

Does dim llawer o ffeithiau i'w dysgu yn y rhan hon o'r fanyleb. Fel rheol, bydd cwestiynau arholiad yn golygu defnyddio gwybodaeth o destun, trin data neu roi barn.

Profi dealltwriaeth

Profwyd

47 Darllenwch y wybodaeth ganlynol:

Dyma lun mwnci. Mae mwncïod yn perthyn yn agos i fodau dynol. Mae rhai gwyddonwyr wedi bod yn trafod defnyddio mwncïod mewn gwaith labordy.

Dywedodd gwyddonwyr grŵp 1:	Dywedodd gwyddonwyr grŵp 2:
Mae'n hollbwysig defnyddio mwncïod i brofi cyffuriau newydd.	Mae profion yn achosi poen i'r mwncïod a dylem ni eu stopio.
Mae cyffuriau newydd wedi cael eu datblygu ar gyfer trin strôc, AIDS, methiant yr arennau a chlefydau eraill mewn pobl.	Dylem ni leihau nifer y profion ar fwncïod cyn gynted â phosibl.
Yn y dyfodol, dylem ni gynnal llawer llai o brofion ar fwncïod.	Gallem ni ddefnyddio meithriniadau meinwe neu gyfrifiaduron i wneud y profion.

a) **Defnyddiwch y wybodaeth uchod yn unig** i ateb y cwestiynau canlynol.

   i) Mae gwyddonwyr grŵp 1 yn dweud bod rhaid iddyn nhw ddefnyddio mwncïod? At ba bwrpas *(1 marc)*

   ii) Enwch **ddau** glefyd dynol sy'n gallu cael eu trin erbyn hyn. *(1 marc)*

   iii) Nodwch **un** rheswm mae gwyddonwyr grŵp 2 yn ei roi dros beidio â defnyddio mwncïod.

   iv) Nodwch **ddau** ddull arall o gynnal profion. *(1 marc)*

b) Awgrymwch **un** rheswm pam mae pobl efallai'n poeni mwy am ddefnyddio mwncïod mewn arbrofion yn hytrach nag anifeiliaid eraill. *(1 marc)*

c) Rhowch **un** ffordd mae'r ddau grŵp o wyddonwyr yn cytuno. *(1 marc)*

Ewch ar lein i gael yr atebion

Ar lein

Atomau, elfennau a'r Tabl Cyfnodol

- **Elfennau** yw blociau adeiladu sylfaenol mater.
- Does dim ffordd o dorri elfennau i lawr yn rhywbeth symlach drwy ddulliau cemegol.
- Mae gan bob elfen ei symbol ei hun.
- Mae elfennau wedi'u gwneud o **atomau**, ac mae pob atom mewn elfen yr un fath.
- Adeiledd atomig elfen sy'n pennu ei safle yn Nhabl Cyfnodol yr elfennau.

Adeiledd atomig

Adolygwyd

- Mae pob atom yn cynnwys rhan ganol fach â gwefr bositif, sef y **niwclews**.
- Mae'r niwclews wedi'i wneud o ddau fath o ronynnau – **protonau** (sydd â gwefr bositif) a **niwtronau** (sydd heb wefr).
- Mae **electronau** ysgafn â gwefr negatif mewn orbit o gwmpas y niwclews.
- Mae holl atomau elfen benodol yn cynnwys yr un nifer o brotonau. Enw arall ar nifer y protonau yw'r **rhif atomig**, ac mae rhif atomig gwahanol gan bob elfen.
- **Màs atomig cymharol** yw'r enw ar fàs un atom o elfen.
- Mae bron i holl fàs yr atom yn y niwclews.

cwmwl o electronau negatif

niwclews positif

↑ **Model o adeiledd atom**

Y Tabl Cyfnodol

Adolygwyd

Mae'r Tabl Cyfnodol yn dabl sy'n cynnwys pob un o'r elfennau hysbys mewn trefn resymegol. Mae hyn yn galluogi cemegwyr i ragfynegi priodweddau elfennau unigol.

Cyfnodau yw'r enw ar y rhesi yn y Tabl Cyfnodol, a **grwpiau** yw'r enw ar y colofnau. Sylwch fod rhai o'r elfennau yn y canol, yr **elfennau trosiannol**, heb rif grŵp. Weithiau, fe welwch chi rif ar bob colofn (1–18), ond nid dyna'r system y byddwn ni'n ei defnyddio yn yr arholiad TGAU.

Awgrym arholwr

Peidiwch â cheisio dysgu'r Tabl Cyfnodol ar eich cof! Bydd eich papur arholiad yn cynnwys copi o'r Tabl fydd yn dangos enw pob elfen, ynghyd â'i symbol, ei rif màs a'i rhif atomig. Cofiwch y gall hyn fod yn ddefnyddiol hyd yn oed mewn cwestiynau sydd ddim yn gofyn rhywbeth am y Tabl Cyfnodol ei hun.

Mendeléev

Adolygwyd

Cafodd y 'tabl cyfnodol' defnyddiol cyntaf ei ddatblygu gan **Dmitri Mendeléev** yn 1869. Pan aeth Mendeléev ati i roi'r elfennau yn nhrefn màs atomig cymharol, sylwodd fod eu priodweddau'n dangos patrymau a oedd yn ailadrodd. Fodd bynnag, roedd yn ymddangos bod bylchau yn y dilyniant mewn mannau. Daeth i'r casgliad fod y bylchau hyn yn cynrychioli elfennau nad oeddent wedi cael eu darganfod eto. Defnyddiodd Mendeléev ei dabl cyfnodol i ragfynegi'n llwyddiannus beth fyddai priodweddau rhai o'r elfennau anhysbys hyn. Heddiw, mae'r elfennau yn cael eu trefnu yn ôl **rhif atomig**, nid màs atomig.

'Grŵp' yw'r enw ar bob colofn yn y Tabl Cyfnodol.

'Cyfnod' yw'r enw ar bob rhes yn y Tabl Cyfnodol.

symbol elfen

H
1

rhif atomig

1 (I)	2 (II)											3 (III)	4 (IV)	5 (V)	6 (VI)	7 (VII)	0
																	He 2
Li 3	Be 4											B 5	C 6	N 7	O 8	F 9	Ne 10
Na 11	Mg 12											Al 13	Si 14	P 15	S 16	Cl 17	Ar 18
K 19	Ca 20	Sc 21	Ti 22	V 23	Cr 24	Mn 25	Fe 26	Co 27	Ni 28	Cu 29	Zn 30	Ga 31	Ge 32	As 33	Se 34	Br 35	Kr 36
Rb 37	Sr 38	Y 39	Zr 40	Nb 41	Mo 42	Tc 43	Ru 44	Rh 45	Pd 46	Ag 47	Cd 48	In 49	Sn 50	Sb 51	Te 52	I 53	Xe 54
Cs 55	Ba 56	La 57	Hf 72	Ta 73	W 74	Re 75	Os 76	Ir 77	Pt 78	Au 79	Hg 80	Tl 81	Pb 82	Bi 83	Po 84	At 85	Rn 86
Fr 87	Ra 88	Ac 89															

↑ Tabl Cyfnodol yr elfennau

Profi dealltwriaeth

Profwyd

Defnyddiwch y Tabl Cyfnodol uchod i'ch helpu chi i ateb y cwestiynau hyn.

1 Mae'r diagram yn dangos adeiledd atom heliwm (He).

a) Enwch y rhannau o'r atom sydd wedi'u labelu'n A a B. *(2 farc)*

b) Rhowch symbol yr elfen sydd yn yr un grŵp â heliwm yn y Tabl Cyfnodol ond yng Nghyfnod 2. *(1 marc)*

2 Mae'r tabl canlynol yn dangos y 'tabl cyfnodol' a gyhoeddodd Mendeléev yn 1869.

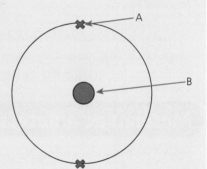

Cyfnod	Grŵp							
	1	2	3	4	5	6	7	0
1	H							
2	Li	Be	B	C	N	O	F	
3	Na	Mg	Al	Si	P	S	Cl	
4	K	Ca	•	Ti	V	Cr	Mn	Fe Co Ni
	Cu	Zn	•	•	As	Se	Br	
5	Rb	Sr	Y	Zr	Nb	Mo	•	Ru Rh Pd
	Ag	Cd	In	Sn	Sb	Te	I	

a) Rhowch reswm pam rhoddodd Mendeléev • yn rhai o'r blychau. *(1 marc)*

b) Enwch **ddwy** elfen sydd i'w gweld yng Ngrŵp 1 tabl Mendeléev ac sydd ddim yng Ngrŵp 1 y Tabl Cyfnodol modern. *(1 marc)*

c) Trefnodd Mendeléev yr elfennau yn ôl eu màs atomig, o'r lleiaf i'r mwyaf. Nodwch sut mae'r Tabl Cyfnodol modern yn trefnu'r elfennau. *(1 marc)*

Ewch ar lein i gael yr atebion

Ar lein

Gwahaniaethu rhwng metelau ac anfetelau

Mae safle elfen yn y Tabl Cyfnodol yn rhoi gwybodaeth i ni am ei phriodweddau. Wrth i chi symud naill ai ar draws, neu i fyny ac i lawr yn y tabl, fe welwch chi fod tueddiadau amlwg yn y priodweddau. Mae **metelau** yn rhannu priodweddau tebyg sy'n eu gwneud nhw'n wahanol i **anfetelau**, ac felly mae metelau ac anfetelau i'w cael mewn rhannau gwahanol o'r Tabl Cyfnodol.

Priodweddau metelau ac anfetelau

Adolygwyd

Mae'r tabl yn dangos y gwahaniaethau rhwng priodweddau metelau ac anfetelau.

Metelau	**Anfetelau**
Dargludo gwres a thrydan yn dda	Gwael am ddargludo gwres a thrydan
Hydrin (gellir ei blygu)	Anhydrin
Hydwyth (gellir ei dynnu i greu gwifren)	Anhydwyth
Caled, dwys a sgleiniog	Solidau meddal/brau, dwysedd isel, ddim yn sgleiniog, llawer ohonynt yn nwyon ar dymheredd ystafell
Ymdoddbwyntiau a berwbwyntiau uchel	Ymdoddbwyntiau a berwbwyntiau isel

Priodweddau cyffredinol yw'r rhain, felly mae eithriadau'n digwydd o bryd i'w gilydd. Er enghraifft, dydy plwm ddim yn hydwyth, ac mae carbon (ar ffurf graffit) yn dargludo trydan yn dda.

Metelau ac anfetelau yn y Tabl Cyfnodol

Adolygwyd

Mae'r Tabl Cyfnodol isod wedi'i liwio i ddangos ble mae'r metelau a'r anfetelau i'w cael.

1 (I)	2 (II)											3 (III)	4 (IV)	5 (V)	6 (VI)	7 (VII)	0
								H 1									He 2
Li 3	Be 4											B 5	C 6	N 7	O 8	F 9	Ne 10
Na 11	Mg 12											Al 13	Si 14	P 15	S 16	Cl 17	Ar 18
K 19	Ca 20	Sc 21	Ti 22	V 23	Cr 24	Mn 25	Fe 26	Co 27	Ni 28	Cu 29	Zn 30	Ga 31	Ge 32	As 33	Se 34	Br 35	Kr 36
Rb 37	Sr 38	Y 39	Zr 40	Nb 41	Mo 42	Tc 43	Ru 44	Rh 45	Pd 46	Ag 47	Cd 48	In 49	Sn 50	Sb 51	Te 52	I 53	Xe 54
Cs 55	Ba 56	La 57	Hf 72	Ta 73	W 74	Re 75	Os 76	Ir 77	Pt 78	Au 79	Hg 80	Tl 81	Pb 82	Bi 83	Po 84	At 85	Rn 86
Fr 87	Ra 88	Ac 89															

↑ **Y Tabl Cyfnodol modern; mae'r metelau wedi'u lliwio'n wyrdd a'r anfetelau'n borffor**

Mae priodweddau rhyngol gan rai elfennau sydd ar y ffin rhwng metelau ac anfetelau. Mae silicon, er enghraifft, yn **lled-ddargludydd**; weithiau mae'n cael ei alw yn 'meteloid'

Defnyddio'r Tabl Cyfnodol i wneud rhagfynegiadau

Mae tueddiadau amlwg mewn priodweddau o fewn pob grŵp yn y Tabl Cyfnodol, a gallwn ni ddefnyddio'r tueddiadau hyn i ragfynegi priodweddau elfennau. Er enghraifft, mae cesiwm yn fetel adweithiol iawn yng Ngrŵp 1 a dydym ni ddim yn gallu defnyddio'r dull arferol i fesur ei ymdoddbwynt. Ond, gallwn ni ragfynegi hyn drwy edrych ar ymdoddbwyntiau metelau eraill yn y grŵp.

Elfen	Ymdoddbwynt (°C)
Lithiwm (Li)	180
Sodiwm (Na)	98
Potasiwm (K)	64
Rwbidiwm (Rb)	39
Cesiwm (Cs)	28*

* wedi'i ragfynegi o ymdoddbwyntiau'r elfennau eraill yn y grŵp

Awgrym arholwr

Cesiwm yw'r enghraifft yma, ond does dim rhaid i chi ddysgu am gesiwm. Efallai bydd gofyn i chi wneud rhagfynegiadau am briodweddau elfen drwy ddefnyddio data'r elfennau eraill yn y grŵp.

Profi dealltwriaeth

3 Mae rwbidiwm yn elfen fetelig, ac mae'r tabl yn dangos ei briodweddau:

Golwg	Arian-wyn
Ymdoddbwynt	39 °C
Berwbwynt	688 °C
Caledwch	Meddal iawn
Hydwythedd	Hydwyth
Adweithedd	Adweithiol iawn

   a) Nodwch **un** o briodweddau rwbidiwm sy'n dangos mai metel ydyw. *(2 farc)*

   b) Nodwch **ddwy** o briodweddau rwbidiwm sy'n anarferol mewn metelau. *(2 farc)*

   c) Nodwch **un** o briodweddau cyffredinol eraill metelau nad yw'n cael ei rhoi yn y tabl. *(1 marc)*

4 Mae'r graff isod yn dangos ymdoddbwyntiau a berwbwyntiau elfennau Grŵp 7.

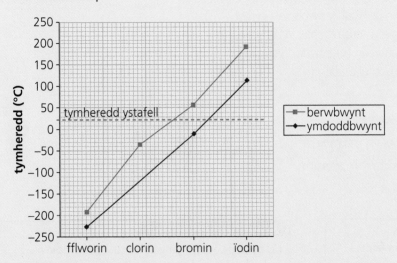

   a) Defnyddiwch y graff i amcangyfrif ymdoddbwynt clorin (nid yw wedi'i ddangos). *(1 marc)*

   b) Pa rai o'r elfennau hyn sy'n nwyon ar dymheredd ystafell? Eglurwch eich ateb. *(3 marc)*

Ewch ar lein i gael yr atebion

Ar lein

Cyfansoddion

Ffurfio cyfansoddion

● Caiff cyfansoddion eu ffurfio gan **fondio cemegol** rhwng dwy neu fwy o elfennau gwahanol.

● Pan mae elfennau'n adweithio â'i gilydd i wneud cyfansoddyn, mae'r atomau'n ad-drefnu gan ffurfio bondiau newydd.

● Yn ystod adwaith cemegol mae cyfanswm nifer yr atomau sy'n bresennol cyn yr adwaith yn hafal i gyfanswm nifer yr atomau ar ôl yr adwaith.

Mae gan bob cyfansoddyn ei fformiwla gemegol ei hun. Er enghraifft, pan mae hydrogen yn llosgi gyda'r ocsigen mewn aer mae'r cyfansoddyn dŵr yn cael ei ffurfio:

hydrogen + ocsigen $\longrightarrow$ dŵr

$2H_2(n) + O_2(n) \longrightarrow 2H_2O(h)$

Yn ystod yr adwaith, bydd dau foleciwl hydrogen (sy'n cynnwys dau atom yr un) yn adweithio ag un moleciwl ocsigen (sy'n cynnwys dau atom ocsigen) i ffurfio dau foleciwl dŵr (sy'n cynnwys dau atom hydrogen ac un atom ocsigen yr un).

Mae carbon hefyd yn llosgi mewn ocsigen i ffurfio carbon deuocsid:

carbon + ocsigen $\longrightarrow$ carbon deuocsid

$C(s) + O_2(n) \longrightarrow CO_2(n)$

Mae un atom carbon yn bondio â'r ddau atom ocsigen i ffurfio un moleciwl carbon deuocsid.

Hafaliadau cemegol

Wrth ysgrifennu hafaliadau cemegol, mae'n bwysig cynnwys symbolau cyflwr ffisegol yr adweithyddion a'r cynhyrchion. Caiff y symbolau cyflwr eu hysgrifennu ar ôl y fformiwla gemegol, mewn cromfachau. Mae solidau'n cael eu dynodi gan y symbol (s), hylifau (h), nwyon (n) a hydoddiannau dyfrllyd (cemegion wedi'u hydoddi mewn dŵr, fel asidau) (d).

Mae hafaliadau cemegol yn rhoi i ni:

● enwau'r adweithyddion a'r cynhyrchion cemegol

● sawl atom o bob elfen sydd yn bresennol yn y cemegyn

● faint o bob adweithydd a chynnyrch sydd yn yr adwaith

● cyflwr ffisegol pob adweithydd a chynnyrch.

Awgrym arholwr

Wrth lunio diagramau llenwi lle, dydy union faint yr atomau ddim yn bwysig ond rhaid i'r graddliwio fod yn ddiamwys. Dylai'r atomau gyffwrdd â'i gilydd, ond dim ond unwaith y cewch chi eich cosbi os oes bylchau bach rhyngddynt.

Awgrym arholwr

Os bydd cwestiwn yn gofyn i chi ddefnyddio'r wybodaeth a roddir yn unig, peidiwch â defnyddio gwybodaeth ychwanegol i ateb y cwestiwn.

Diagramau llenwi lle

Rydym ni'n defnyddio diagramau llenwi lle i ddangos trefniant atomau mewn moleciwlau syml. Maen nhw'n ffordd dda o fodelu siâp moleciwlau mewn ffordd debyg i'r pecynnau modelu moleciwlaidd plastig 3D mae ysgolion yn eu defnyddio.

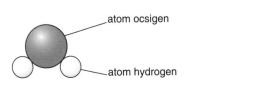

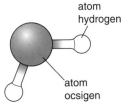

↑ Dau fodel gwahanol o foleciwl dŵr. Mae'r un ar y chwith yn ddiagram llenwi lle

Awgrym arholwr

Mae'n bwysig astudio diagramau llenwi lle yn ofalus iawn. Yn yr arholiad, defnyddiwch yr allwedd a roddir i ysgrifennu enwau neu symbolau pob atom.

Profi dealltwriaeth

Mae'r allwedd isod yn cynrychioli atomau rhai elfennau.

carbon, C   hydrogen, H   nitrogen, N   ocsigen, O

5 a) CH_4 yw fformiwla'r nwy methan. Dewiswch **lythyren** y diagram ar y dde sy'n cynrychioli moleciwl methan. *(1 marc)*

A   B   C   Ch

b) **Defnyddiwch yr allwedd a uchod** i lunio diagramau sy'n cynrychioli moleciwlau:

  i) hydrogen, H_2 *(1 marc)*

  ii) amonia, NH_3. *(1 marc)*

6 H_2CO_3 yw fformiwla gemegol asid carbonig.

  a) Nodwch sawl atom carbon sydd yn y fformiwla H_2CO_3. *(1 marc)*

  b) Rhowch **gyfanswm** nifer yr atomau yn y fformiwla. *(1 marc)*

7 Mae'r diagramau isod yn cynrychioli **chwe** sylwedd gwahanol.

A   B   C   Ch   D   Dd

  a) lythyren, A, B, C, Ch, D neu Dd, y diagram sy'n cynrychioli:

    i) CO_2 *(1 marc)*

    ii) elfen *(1 marc)*

    iii) cyfansoddyn sy'n cynnwys pum atom. *(1 marc)*

  b) Rhowch fformiwla gemegol sylwedd **Ch**. *(1 marc)*

8 Mae'r brawddegau canlynol yn cyfeirio at adwaith cemegol. Dewiswch y **ddwy frawddeg sy'n gywir**? *(2 farc)*

  A Mae atomau yn cael eu had-drefnu yn ystod adwaith cemegol.

  B Mae rhai atomau yn cael eu dinistrio yn ystod adwaith cemegol.

  C Mae adweithyddion yn cael eu gwneud yn ystod adwaith cemegol.

  Ch Mae adweithyddion yn cael eu defnyddio yn ystod adwaith cemegol.

Ewch ar lein i gael yr atebion

Bondio ïonig

Ffurfio bondiau ïonig

Pan mae atomau metel yn adweithio ag atomau anfetel, mae bondiau ïonig yn cael eu ffurfio. Mae'r atomau metel yn colli electronau i ffurfio ïonau sydd â gwefr bositif, ac mae'r atomau anfetel yn ennill yr electronau mae'r atomau metel wedi'u colli ac yn ffurfio ïonau sydd â gwefr negatif. Mae gwefrau dirgroes gan yr ïonau hyn, felly maen nhw'n atynnu ei gilydd gan ffurfio bondiau ïonig cryf iawn.

Mae'r nifer o electronau mae atomau'n eu colli neu'n eu hennill wrth ffurfio bondiau ïonig yn dibynnu ar ba grŵp yn y Tabl Cyfnodol mae'r elfen ynddo. Mae'r tablau isod yn crynhoi'r ïonau sy'n cael eu ffurfio gan rai o'r elfennau cyffredin:

Ïonau positif	
Enw	**Fformiwla**
Alwminiwm	Al^{3+}
Calsiwm	Ca^{2+}
Copr(II)	Cu^{2+}
Hydrogen	H^+
Haearn(II)	Fe^{2+}
Haearn(III)	Fe^{3+}
Lithiwm	Li^+
Magnesiwm	Mg^{2+}
Potasiwm	K^+
Sodiwm	Na^+

Ïonau negatif	
Enw	**Fformiwla**
Bromid	Br^-
Clorid	Cl^-
Fflworid	F^-
Ïodid	I^-
Ocsid	O^{2-}

Awgrym arholwr

Mae tabl o ïonau cyffredin yng nghefn pob papur arholiad, ynghyd â Thabl Cyfnodol. Defnyddiwch y rhain i'ch helpu i ateb cwestiynau am y pwnc hwn.

Pan gaiff cyfansoddyn ïonig ei ffurfio, does dim gwefr ar y cyfansoddyn gan fod nifer y gwefrau positif yn hafal i nifer y gwefrau negatif.

Enghraifft

Mae lithiwm ocsid yn cael ei ffurfio o ïonau lithiwm, Li^+, ac ïonau ocsid, O^{2-}, pan mae lithiwm yn llosgi mewn ocsigen.

lithiwm + ocsigen $\longrightarrow$ lithiwm ocsid

Mae angen dau ïon lithiwm i gydbwyso'r wefr ar bob ïon ocsid, felly fformiwla lithiwm ocsid yw Li_2O.

Cydbwyso hafaliadau

Wrth gydbwyso hafaliadau cemegol, rhaid i gyfanswm y nifer o bob math o atom fod yr un fath ar ddwy ochr yr hafaliad. Mae hylosgiad lithiwm mewn ocsigen yn dangos hyn. Mae rhoi'r symbolau a'r fformiwlâu yn unig yn rhoi hafaliad anghytbwys:

$Li(s) + O_2(n) \longrightarrow Li_2O(s)$

Moleciwl deuatomig yw ocsigen, felly mae dau atom ocsigen ar yr ochr chwith, ond dim ond un sydd ar yr ochr dde. I gydbwyso'r hafaliad, mae angen dau 'foleciwl' lithiwm ocsid ar yr ochr dde, ond mae hynny'n golygu cael pedwar atom lithiwm ar yr ochr dde.

I gwblhau'r hafaliad cytbwys, felly, mae angen pedwar atom lithiwm ar yr ochr chwith. Yr hafaliad cytbwys yw:

$$4Li(s) + O_2(n) \longrightarrow 2Li_2O(s)$$

Awgrym arholwr

Cofiwch, mewn hafaliad symbolau cytbwys rhaid i gyfanswm y nifer o bob math o atom fod yr un fath ar ddwy ochr yr adwaith, oherwydd dydym ni ddim yn gallu creu atomau na'u dinistrio.

Awgrym arholwr

Mae cwestiwn **9 a) i)** yn cyfeirio at yr **ïonau** sydd i'w cael mewn sodiwm clorid – mae hyn yn golygu bod rhaid i chi ysgrifennu'r **ddau**.

Profi dealltwriaeth — Profwyd

9 Mae'r diagram ar y dde'n dangos clorin yn adweithio â sodiwm.

a) Cyfeiriwch at y tablau o ïonau cyffredin (ar dudalen 58) i ateb y cwestiynau hyn.

i) Rhowch **fformiwlâu**'r **ïonau** sydd i'w cael mewn sodiwm clorid. *(1 marc)*

ii) Rhowch **fformiwla** gemegol sodiwm clorid. *(1 marc)*

b) Mae'r hafaliad **geiriau** isod yn cynrychioli'r adwaith rhwng sodiwm a chlorin.

sodiwm + clorin ⟶ sodiwm clorid

i) Enwch y **metel** yn yr hafaliad geiriau. *(1 marc)*

ii) Enwch **gynnyrch** yr adwaith. *(1 marc)*

Labeli diagram: nwy clorin; sodiwm clorid gwyn yn ffurfio ar ochrau'r jar nwy; sodiwm yn llosgi

10 Cyfeiriwch at y tabl o ïonau cyffredin i ateb y cwestiwn hwn. Mae'r tabl canlynol yn dangos gwybodaeth am rai cyfansoddion. Cwblhewch y tabl. *(4 marc)*

Cyfansoddyn	Fformiwla	Ïon metel sy'n bresennol	Ïon anfetel sy'n bresennol
sodiwm clorid	NaCl	Na^+	Cl^-
potasiwm ocsid		K^+	O^{2-}
magnesiwm bromid	$MgBr_2$		
		Ca^{2+}	I^-

11 Mae sodiwm a chlorin yn elfennau adweithiol iawn. Pan fydd sodiwm poeth yn cael ei ollwng i mewn i jar nwy sy'n cynnwys clorin, mae'r metel yn tanio ac mae sodiwm clorid yn cael ei ffurfio. Pa un o'r canlynol yw'r hafaliad symbolau cytbwys cywir sy'n cynrychioli'r adwaith?

A $\quad Na + Cl_2 \longrightarrow NaCl$

B $\quad Na + Cl \longrightarrow NaCl$

C $\quad Na + Cl_2 \longrightarrow NaCl_2$

Ch $\quad 2Na + Cl_2 \longrightarrow 2NaCl$

D $\quad 2Na + Cl \longrightarrow Na_2Cl$ *(1 marc)*

12 Mae sodiwm yn adweithio'n egnïol â fflworin i roi sodiwm fflworid fel mae'r hafaliad geiriau canlynol yn ei ddangos.

sodiwm + fflworin ⟶ sodiwm fflworid

Cwblhewch yr hafaliad symbolau cytbwys isod.

____ Na + ____ $F_2 \longrightarrow$ ____ NaF *(1 marc)*

Ewch ar lein i gael yr atebion — Ar lein

Metelau a mwynau

Metelau, mwynau ac adweithedd

Adolygwyd

- Mae mwyn yn sylwedd sydd i'w gael yng nghramen y Ddaear ac sy'n cynnwys atomau metel wedi'u cyfuno ag elfennau eraill. Mae hematit a magnetit (haearn), a bocsit (alwminiwm) yn enghreifftiau o fwynau.

- Gallwn ni ddefnyddio adweithiau cemegol neu electrolysis i echdynnu metelau o'u mwynau.

- Mae rhai metelau anadweithiol iawn, fel aur, arian a phlatinwm, i'w cael heb eu cyfuno ag elfennau eraill.

- Y mwyaf adweithiol yw metel, yna'r mwyaf anodd yw echdynnu'r metel hwnnw o'i fwyn (angen mwy o egni).

- Gallwn ni drefnu metelau yn ôl eu hadweithedd mewn cyfres adweithedd.

- Gall unrhyw fetel ddadleoli metel sy'n is nag ef yn y gyfres adweithedd o hydoddiant o un o'i halwynau (e.e. gall magnesiwm ddadleoli copr o hydoddiant copr sylffad, gan ffurfio magnesiwm sylffad).

  magnesiwm + copr sylffad $\longrightarrow$ copr + magnesiwm sylffad

  $Mg(s) + CuSO_4(d) \longrightarrow Cu(s) + MgSO_4(d)$

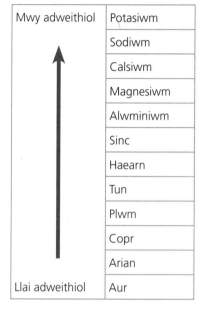

Mwy adweithiol	Potasiwm
	Sodiwm
	Calsiwm
	Magnesiwm
	Alwminiwm
	Sinc
	Haearn
	Tun
	Plwm
	Copr
	Arian
Llai adweithiol	Aur

↑ **Cyfres adweithedd**

Echdynnu metelau o'u mwynau

Adolygwyd

Mae llawer o'r adweithiau cemegol sy'n cael eu defnyddio i echdynnu metelau o'u mwynau yn cynnwys prosesau rhydwytho ac ocsidio:

- Mae **rhydwytho** yn golygu tynnu atomau ocsigen o gemegyn.

- Mae **ocsidio** yn golygu ychwanegu atomau ocsigen at gemegyn.

Echdynnu haearn

Mae echdynnu haearn o fwyn haearn yn enghraifft o adwaith rhydwytho/ocsidio. Yn yr adwaith hwn, caiff mwyn haearn ocsid ei rydwytho i haearn ar dymheredd uchel (mewn ffwrnais chwyth) drwy ocsidio carbon (o olosg), a chaiff carbon (a charbon monocsid) eu hocsidio i roi carbon deuocsid.

Echdynnu alwminiwm

- Mae alwminiwm yn uwch na haearn a charbon yn y gyfres adweithedd, ac mae angen llawer mwy o egni i'w echdynnu o'i fwyn. Nid yw'n bosibl defnyddio adweithiau rhydwytho/ocsidio gyda charbon.

- Rydym ni'n defnyddio **electrolysis** i echdynnu alwminiwm (a metelau uwch yn y gyfres adweithedd).

- Caiff alwminiwm ocsid ei wresogi i dymheredd uchel gan achosi iddo ymdoddi. Mae hyn yn galluogi ïonau alwminiwm (â gwefr bositif) i symud tuag at y catod (â gwefr negatif), gan ffurfio atomau alwminiwm y gallwn ni eu hechdynnu fel metel alwminiwm swmp.

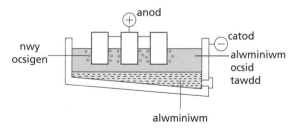

↑ **Electrolysis alwminiwm ocsid**

Materion cynaliadwyedd sy'n gysylltiedig ag echdynnu metelau o'u mwynau

Adolygwyd

- Effaith amgylcheddol lleoliad y gwaith (defnyddio llawer o dir, halogi'r tir), effaith ar y boblogaeth leol
- Costau tanwydd ac egni
- Allyriadau nwyon tŷ gwydr
- Effaith ailgylchu
- Effeithiau echdynnu mwynau ar yr amgylchedd a'r boblogaeth leol

Awgrym arholwr

Mae cwestiwn **13** yn gwestiwn eithaf cymhleth. Mae'n cynnwys nifer o wahanol rannau, llawer o destun a dau ddiagram. Darllenwch y testun yn ofalus ac astudiwch y diagramau sawl gwaith cyn ceisio ateb y cwestiynau.

Awgrym arholwr

Mae'r geiriau gorchymyn **nodwch** a **rhowch** yn golygu bod disgwyl ateb cryno heb dystiolaeth i'w gefnogi.

Profi dealltwriaeth

Profwyd

13 Mae'r cwestiwn hwn yn ymwneud ag adweithedd metelau.

a) Cyflawnodd athrawes y ddau arbrawf canlynol mewn cwpwrdd gwyntyllu.

Arbrawf 1: Cafodd cymysgedd o bowdr alwminiwm a haearn ocsid ei wresogi'n gryf gan ddefnyddio'r cyfarpar yn y diagram. Gallwn ni grynhoi'r adwaith a ddigwyddodd drwy'r hafaliad geiriau canlynol:

alwminiwm + haearn ocsid ⟶ alwminiwm ocsid + haearn

Arbrawf 2: Yna, cafodd yr arbrawf ei ail-wneud gan ddefnyddio cymysgedd o bowdr haearn a chopr ocsid. Dyma'r hafaliad geiriau ar gyfer yr adwaith hwn:

haearn + copr ocsid ⟶ haearn ocsid + copr

cymysgedd o alwminiwm a haearn ocsid

GWRES

⬆ Arbrawf 1

i) Defnyddiwch ganlyniadau'r ddau adwaith i osod y tri metel, alwminiwm, copr a haearn, yn nhrefn eu hadweithedd, o'r mwyaf adweithiol i'r lleiaf adweithiol. *(2 farc)*

ii) Dywedodd yr athrawes fod yr haearn ocsid, yn Arbrawf 1, a'r copr ocsid, yn Arbrawf 2, wedi cael eu 'rhydwytho'. Nodwch ystyr y term rhydwytho. *(1 marc)*

b) Mae sinc yn fwy adweithiol na chopr. Cafodd gormodedd o bowdr sinc ei ychwanegu at hydoddiant copr sylffad glas. Yn ystod yr adwaith, aeth yr hydoddiant glas yn ddi-liw a chafodd solid brown ei ffurfio, fel mae'r diagram yn ei ddangos.

i) Enwch yr hydoddiant di-liw, A. *(1 marc)*

ii) Enwch y solid brown, B. *(1 marc)*

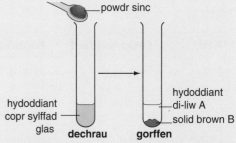

powdr sinc

hydoddiant copr sylffad glas

hydoddiant di-liw A
solid brown B

dechrau **gorffen**

⬆ Powdr sinc yn adweithio â hydoddiant copr sylffad

14 Mae lle i gredu bod metel **X** rhwng magnesiwm a haearn yn y gyfres adweithedd. Disgrifiwch ac eglurwch sut byddech chi'n dangos bod hyn yn wir gan ddefnyddio'r cemegion canlynol: rhuban magnesiwm, naddion haearn a metel **X**, hydoddiannau magnesiwm nitrad, haearn nitrad a nitrad metel **X**. *(4 marc)*

Ewch ar lein i gael yr atebion

Ar lein

Priodweddau a defnyddiau metelau a gronynnau nano-raddfa

Priodweddau a defnyddiau rhai metelau cyffredin

Adolygwyd

Alwminiwm

● Priodweddau – cryf, dwysedd isel, yn dargludo gwres a thrydan yn dda, yn gwrthsefyll cyrydiad

● Defnyddiau – ceblau pŵer foltedd uchel, sosbenni, fframiau ffenestri a thai gwydr, caniau diodydd, darnau ar gyfer awyrennau a cheir

Copr

● Priodweddau – yn dargludo gwres a thrydan yn dda iawn, hydrin, hydwyth, gloyw (sgleiniog), lliw deniadol

● Defnyddiau – mewn aloion fel pres ac efydd, peipiau dŵr, gwifrau trydanol, gemwaith ac addurniadau, gwaelodion sosbenni

Titaniwm

● Priodweddau – caled, cryf, dwysedd isel, ymdoddbwynt uchel, gwrthsefyll cyrydiad

● Defnyddiau – darnau peiriannau jet a llongau gofod, darnau peiriannau diwydiannol, darnau ceir, mewnblaniadau meddygol, cryfhau dur, gemwaith, cyfarpar chwaraeon

Aloion

Adolygwyd

Cymysgedd o ddau neu fwy o fetelau (neu garbon) yw aloi. Rydym ni'n gwneud aloion drwy gyfuno'r metelau tawdd. Gallwn ni addasu priodweddau'r aloi drwy amrywio mathau a symiau'r metelau yn y cymysgedd. Mae pres, efydd a dur gwrthstaen yn enghreifftiau o aloion cyffredin.

Aloi	Cyfansoddiad	Enghreifftiau o ddefnyddiau
Pres	Copr a sinc	darnau metel addurniadol darnau metel ffrithiant isel (cloeon, gerau) plymwaith a defnyddiau trydanol offerynnau cerdd
Efydd	Copr a thun	ffitiadau cychod a llongau cerfluniau tannau gitâr a phiano morthwylion sydd ddim yn creu gwreichion ac offer eraill sy'n cael eu defnyddio mewn atmosfferau ffrwydrol
Dur gwrthstaen	Haearn, carbon a chromiwm	llestri coginio a chyllyll a ffyrc offer llawfeddygol darnau ceir a llongau gofod adeiladu adeiladau mawr a phontydd gemwaith ac oriorau

Nano-ronynnau

Adolygwyd

- Gronynnau bach iawn yw nano-ronynnau (fel rheol mae eu maint rhwng 1 a 100 nanometr: 1 nm = 1×10^{-9} m) sy'n cael eu hychwanegu mewn symiau bach iawn at gynhyrchion i roi priodwedd arbennig i'r cynnyrch.

- Arian yw un o'r nano-ronynnau sy'n cael ei ddefnyddio amlaf. Caiff ei ychwanegu at gynhyrchion i'w gwneud nhw'n wrthfacteria. Rhai cynhyrchion sy'n elwa o hyn yw oergelloedd a dyfeisiau eraill yn y cartref, sebon, dillad a gorchuddion meddygol – cynhyrchion sy'n dod i gysylltiad â chroen dynol yn aml.

- Mae nano-ronynnau aur y cael eu defnyddio i gynhyrchu paneli solar effeithlon a batrïau bach â chynhwysedd a foltedd uchel.

- Mae cwestiynau iechyd ac amgylcheddol posibl yn gysylltiedig â defnyddio nano-ronynnau. Er enghraifft, rydym ni'n gwybod bod symiau mawr o fetelau fel arian yn gallu bod yn wenwynig. Mae angen gwneud mwy o ymchwil i'r honiadau hyn.

> **Awgrym arholwr**
>
> Mae geiriau **trwm** mewn cwestiwn yn ymddangos felly am reswm. Mae cwestiwn **15** yn dweud '**Defnyddiwch y wybodaeth yn y tabl**'. Os defnyddiwch chi wybodaeth arall, o'ch cof, chewch chi ddim y marciau.

Profi dealltwriaeth

Profwyd

15 Mae'r tabl canlynol yn dangos rhai enghreifftiau o wahanol fathau o ddur. **Defnyddiwch y wybodaeth yn y tabl** i ateb y cwestiynau sy'n dilyn.

Enw	Cyfansoddiad	Priodweddau
Haearn bwrw	haearn, 2–5% carbon	caled ond brau, yn cyrydu
Dur meddal	haearn, 0.1–0.3% carbon	gwydn, hydrin a hydwyth, cryfder tynnol da, yn cyrydu
Dur carbon uchel	haearn, 0.7–1.5% carbon	yn galetach na dur meddal ond yn fwy brau, yn cyrydu
Dur gwrthstaen	haearn a charbon, 16–26% cromiwm	caled a gwydn, yn para'n dda, ddim yn cyrydu

a) Enwch yr elfen **fetelig** sy'n cael ei hychwanegu at haearn i wneud dur gwrthstaen. *(1 marc)*

b) Awgrymwch reswm pam mae haearn bwrw'n **fwy brau** na dur meddal. *(1 marc)*

c) Enwch y math o ddur sydd fwyaf addas ar gyfer gwneud corff car. *(1 marc)*

ch) Rhowch y prif reswm pam mae dur gwrthstaen yn cael ei ddefnyddio i wneud cyllyll a ffyrc. *(1 marc)*

16 Mae gronynnau titaniwm deuocsid nano-raddfa yn cael eu defnyddio mewn eli haul.

a) Rhowch amrediad maint nano-ronynnau. *(1 marc)*

b) Mae erthygl mewn cylchgrawn yn cynnwys y dyfyniadau canlynol am ddefnyddio nano-ronynnau.

Dyfyniad 1: *'Mae pobl yn pryderu bod y nano-ronynnau sy'n cael eu defnyddio mewn cosmetigau yn anniogel'.*

Dyfyniad 2: *'Ni fydd unrhyw effeithiau gwael gan fod gronynnau mwy o'r un sylwedd yn berffaith ddiogel.'*

Rhowch reswm pam mae llawer o bobl yn ystyried bod Dyfyniad 2 yn anghywir. *(1 marc)*

c) Eglurwch pam mae rhai pobl yn pryderu am ddefnyddio cynnyrch cosmetig sy'n cynnwys nano-ronynnau. *(2 farc)*

Ewch ar lein i weld yr atebion

Ar lein

Hydrogen ac ocsigen

Cynhyrchu anfetelau

- Mae nifer o anfetelau i'w cael yn yr aer, gan gynnwys nitrogen (tua 78%), ocsigen (tua 21%) ac argon (llai nag 1%). Gallwn ni ddefnyddio distyllu ffracsiynol i echdynnu'r nwyon hyn yn fasnachol o aer hylifol.

- Gallwn ni ddefnyddio electrolysis i gynhyrchu hydrogen ac ocsigen o ddŵr. Mae electrolysis dŵr yn cynhyrchu dwywaith cymaint o hydrogen ag o ocsigen.

dŵr $\longrightarrow$ hydrogen + ocsigen

$$2H_2O(h) \longrightarrow 2H_2(n) + O_2(n)$$

Profi am hydrogen ac ocsigen

- Y prawf cemegol am nwy hydrogen yw casglu'r nwy a'i danio â phrennyn **wedi'i gynnau** – bydd 'pop gwichlyd' wrth i'r hydrogen ffrwydro.

- Y prawf cemegol am nwy ocsigen yw casglu'r nwy a rhoi prennyn **sy'n mudlosgi** yn y tiwb profi – bydd ocsigen yn **ailgynnau**'r prennyn.

- Mae hydrogen yn llosgi mewn aer gan gynhyrchu egni y gallwn ni ei ddefnyddio fel ffynhonnell pŵer (e.e. fel tanwydd roced):

hydrogen + ocsigen $\longrightarrow$ dŵr

$$2H_2(n) + O_2(n) \longrightarrow 2H_2O(n)$$

- Hydrogen ac ocsigen yw dau o'r nwyon pwysicaf rydym ni'n eu defnyddio.

Defnyddiau ocsigen

- Ym maes meddygaeth i gynorthwyo pobl i anadlu.
- I gynhyrchu tymheredd uchel, e.e. weldio ocsi-asetylen
- Ar ffurf hylif i'w losgi gyda thanwydd roced

Defnyddiau hydrogen

- Yn y diwydiant petrocemegol i wneud rhai mathau o hydrocarbonau
- Yn y diwydiant bwyd i wneud margarin
- Fel tanwydd mewn celloedd tanwydd hydrogen

Gallai hydrogen fod yn ffynhonnell egni ardderchog – yn enwedig i geir a loriau.

Manteision

- Cynhyrchu llawer o egni
- Dim llygredd

Anfanteision

- Fflamadwy iawn (ffrwydrol)
- Mae angen ei storio mewn tanc dan wasgedd
- Dim llawer o orsafoedd tanwydd addas ar hyn o bryd
- Mae angen defnyddio trydan i gynhyrchu hydrogen o ddŵr drwy electrolysis. Rhaid cynhyrchu'r hydrogen drwy ddefnyddio trydan o ffynonellau egni adnewyddadwy er mwyn i'r broses gyfan fod yn gwbl gyfeillgar i'r amgylchedd.

Awgrym arholwr

Cofiwch, mewn cwestiynau Ansawdd Cyfathrebu Ysgrifenedig fel Cwestiwn **18** rhan **c)**, bydd yr arholwyr yn chwilio am eglurhad clir. Os cewch chi'r ffeithiau sylfaenol yn gywir ond nad yw eich eglurhad yn glir neu fod diffyg manylion ynddo, gallwch chi golli marciau. Gweler tudalennau 110–111 am fwy o gymorth i ateb cwestiynau ACY.

Profi dealltwriaeth
Profwyd

17 Mae'r siart cylch yn dangos cyfansoddiad aer.

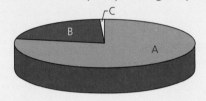

a) Nodwch enwau'r sylweddau wedi'u labelu'n A, B ac C. *(1 marc)*

b) Enwch y broses sy'n cael ei defnyddio i echdynnu nwyon o aer yn fasnachol. *(1 marc)*

18 Efallai y bydd nwy hydrogen yn datrys prinder tanwydd byd-eang yn y dyfodol. Hydrogen yw'r elfen fwyaf cyffredin yn y Bydysawd ac mae cyflenwad helaeth ohono ar y Ddaear (wedi'i gyfuno ag ocsigen mewn moleciwlau dŵr). Gallwn ni ddefnyddio electrolysis i hollti moleciwlau dŵr i gynhyrchu nwy hydrogen, H_2, a nwy ocsigen, O_2.

moleciwl dŵr   moleciwl ocsigen   moleciwl hydrogen

a) Nodwch pam mae electrolysis dŵr yn cynhyrchu dwywaith cymaint o hydrogen ag o ocsigen. *(1 marc)*

b) Disgrifiwch sut byddech chi'n profi mai hydrogen yw'r nwy. *(1 marc)*

c) Defnyddiwch y data canlynol i werthuso potensial defnyddio hydrogen yn lle petrol a diesel fel tanwydd mewn ceir. Bydd ateb llawn yn cyfeirio at fanteision ac anfanteision. *(6 marc ACY)*

Ffynhonnell	dŵr
Dull echdynnu	mae angen trydan
Maint yr egni sy'n cael ei ryddhau wrth ei losgi	llawer
Cynnyrch llosgi	anwedd dŵr
Pa mor hawdd ei gynnau	yn cynnau'n hawdd
Cyflwr ar dymheredd a gwasgedd ystafell	nwy
Sefydlogrwydd	yn ffurfio cymysgedd ffrwydrol ag aer

Ewch ar lein i gael yr atebion
Ar lein

Yr halogenau a'r nwyon nobl

Pa beth yw'r halogenau a'r nwyon nobl?

Adolygwyd

Halogenau yw'r enw ar elfennau Grŵp 7 y Tabl Cyfnodol (fflworin, clorin, bromin, ïodin ac astatin).

● Mae'r halogenau'n adweithio â metelau i gynhyrchu halidau – fflworidau, cloridau, bromidau ac ïodidau.

● Mae adweithedd yr halogenau'n cynyddu wrth fynd i fyny'r grŵp – fflworin yw'r anfetel mwyaf adweithiol.

● Gallwn ni gael clorin ac ïodin o'r cyfansoddion sy'n cael eu cynhyrchu wrth i ddŵr môr anweddu (sodiwm clorid a photasiwm ïodid yn bennaf), ond erbyn hyn dydy hyn ddim yn cael ei ystyried yn ffynhonnell economaidd ar gyfer ïodin.

Y **nwyon nobl** yw enw'r elfennau anadweithiol iawn yng Ngrŵp 0 yn y Tabl Cyfnodol (heliwm, neon, argon, crypton a senon).

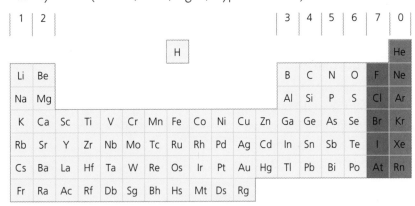

↑ **Safle'r halogenau (coch) a'r nwyon nobl (gwyrdd) yn y Tabl Cyfnodol**

Awgrym arholwr

Efallai y bydd cwestiwn arholiad yn cynnwys tabl eithaf mawr. Gall y tabl ddangos llawer o batrymau a thueddiadau. Gofalwch eich bod chi'n defnyddio'r golofn gywir yn y tabl – gallech chi amlygu'r golofn neu roi cylch o'i chwmpas yn yr arholiad.

Priodweddau a defnyddiau

Adolygwyd

Clorin (Cl_2)

● Nwy melyn-wyrdd golau
● Gwenwynig
● Yn cael ei ddefnyddio i ladd bacteria (e.e. mewn pyllau nofio)

Ïodin (I_2)

● Solid llwyd sgleiniog neu nwy porffor
● Gwenwynig
● Yn cael ei ddefnyddio i ladd bacteria (yn benodol mewn gorchuddion clwyfau)

Heliwm (He), neon (Ne) ac argon (Ar)

● Nwyon di-liw
● Anadweithiol iawn
● Mae heliwm yn cael ei ddefnyddio i lenwi balwnau parti ac awyrlongau
● Mae'r tri nwy yn cael eu defnyddio i gynhyrchu tiwbiau fflwroleuol (mae heliwm yn goleuo'n goch, neon yn lliw oren-felyn ac argon yn lliw glas trydanol)

Mae fflworin, ar ffurf sodiwm fflworid, yn cael ei ychwanegu at bast dannedd (ac at ddŵr yfed mewn rhai ardaloedd) i atal pydredd dannedd.

Mae pob tystiolaeth ac astudiaeth wyddonol ac ystadegol yn dangos bod ychwanegu fflworid at y prif gyflenwad dŵr yn lleihau pydredd dannedd yn sylweddol. Fodd bynnag, mae rhai pobl yn gwrthwynebu fflworeiddio dŵr gan fod hyn i bob diben yn gorfodi meddyginiaeth ar bawb.

Awgrym arholwr

Mae ychwanegu sodiwm fflworid at y cyflenwad dŵr yn enghraifft o foeseg wyddonol. Efallai nad oes atebion 'cywir' i'r cwestiynau sy'n cael eu gofyn. Yn yr achos hwn, mae'r arholwr yn chwilio am **eich** barn **chi** – cofiwch roi eich barn a'i chefnogi ag eglurhad os bosibl. Weithiau, gofynnir i chi am resymau 'o blaid' ac 'yn erbyn' rhywbeth – gofalwch eich bod chi'n rhoi o leiaf un o bob un.

Profi dealltwriaeth

19 Mae sodiwm fflworid yn cael ei ychwanegu at y cyflenwad dŵr mewn rhai ardaloedd gan fod ïonau fflworid yn gallu lleihau pydredd dannedd. Sefydlodd gwyddonwyr y cysylltiad hwn drwy gynnal arolygon ar raddfa fawr.

a) Rhowch reswm pam roedd angen i niferoedd mawr o bobl gwblhau arolwg er mwyn sefydlu'r cysylltiad rhwng ïonau fflworid a lleihad ym mhydredd dannedd. *(1 marc)*

b) Awgrymwch pam byddai'n well i'r math hwn o arolwg gael ei gynnal gan grŵp defnyddwyr annibynnol yn hytrach na gan gwmni sy'n cynhyrchu past dannedd. *(1 marc)*

c) Rhowch **un** rheswm pam mae llawer o bobl yn erbyn fflworeiddio'r cyflenwad dŵr. *(1 marc)*

20 a) Mae'r tabl isod yn dangos rhai o briodweddau ffisegol elfennau Grŵp 7.

Elfen	Ymdoddbwynt (°C)	Berwbwynt (°C)	Dwysedd (g/cm³)	Dargludedd trydanol	Lliw anwedd
Fflworin	–220	–188	1.11	gwael	melyn golau
Clorin	–110	–35	1.56	gwael	gwyrdd
Bromin	–7	59	3.12	gwael	brown
Ïodin	114	184	4.93	gwael	porffor

Rhowch gyflwr (**solid, hylif** neu **nwy**):

i) bromin ar 60 °C *(1 marc)*

ii) clorin ar –40 °C *(1 marc)*

b) i) Nodwch **un** o briodweddau elfennau Grŵp 7 sy'n dangos eu bod nhw'n anfetelau. *(1 marc)*

ii) Disgrifiwch y duedd yn ymdoddbwyntiau Grŵp 7 wrth fynd i lawr y grŵp. *(1 marc)*

c) Nodwch pam mae ychwanegu clorin at y cyflenwad dŵr yn ei gwneud yn ddiogel i yfed y dŵr. *(1 marc)*

Ewch ar lein i gael yr atebion
Ar lein

Asidau ac alcalïau

pH

Adolygwyd

Gallwn ni ddefnyddio'r raddfa pH i ddosbarthu sylweddau'n asidau neu'n alcalïau. Mae pH asidau'n is na 7 ac mae pH alcalïau'n uwch na 7; mae pH 7 yn niwtral. Rydym ni'n mesur pH drwy ddefnyddio **dangosydd** cemegol (fel papur Dangosydd Cyffredinol) neu fesurydd pH electronig.

0	1	2	3	4	5	6	7	8	9	10	11	12	13	14
asidau cryf			asidau gwan					alcalïau gwan				alcalïau cryf		
asid batri, asid hydrofflworig cryf	asid hydroclorig sy'n cael ei secretu gan leinin y stumog	sudd lemwn, asid gastrig (asid y stumog), finegr	grawnffrwyth, sudd oren, dŵr soda, gwin	tomatos, glaw asid, cwrw	dŵr yfed meddal, coffi du, glaw pur	troeth, melynwy, poer, llaeth buwch	dŵr pur	dŵr môr	dŵr sebon	Y Llyn Halen Mawr, llaeth magnesia, glanedydd	hydoddiant amonia, defnyddiau glanhau'r tŷ	soda tŷ	canyddion, defnyddiau glanhau ffwrn, soda brwd	defnyddiau hylifol i lanhau draeniau

← yn mynd yn fwy asidig   yn mynd yn fwy alcalïaidd →

⬆ **Y raddfa pH**

Adweithiau metelau ag asidau

Adolygwyd

Bydd rhai metelau'n adweithio ag asidau. Mae eu hadwaith yn dibynnu ar eu safle yn y gyfres adweithedd. Mae metelau ar frig y gyfres adweithedd yn adweithio'n egnïol iawn ac yn ecsothermig (ffrwydrol) ag asidau gwanedig, ond dydy'r metelau ar waelod y gyfres adweithedd ddim yn adweithio o gwbl.

Mae **metelau'n** adweithio ag **asidau** i ffurfio halwynau a **hydrogen**.

metel + asid ⟶ halwyn metel + hydrogen

Adweithiau ag asid hydroclorig

Mae adweithiau sy'n cynnwys asid hydroclorig yn ffurfio halwynau o'r enw cloridau.

metel + asid hydroclorig ⟶ metel clorid + hydrogen

Er enghraifft:

magnesiwm + asid hydroclorig ⟶ magnesiwm clorid + hydrogen

$Mg(s)$ + $2HCl(d)$ ⟶ $MgCl_2(d)$ + $H_2(n)$

Adweithiau ag asid sylffwrig

Mae adweithiau sy'n cynnwys asid sylffwrig yn ffurfio sylffadau.

metel + asid sylffwrig ⟶ metel sylffad + hydrogen

Er enghraifft:

magnesiwm + asid sylffwrig ⟶ magnesiwm sylffad + hydrogen

$Mg(s)$ + $H_2SO_4(d)$ ⟶ $MgSO_4(d)$ + $H_2(n)$

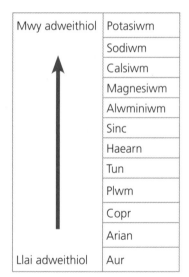

Mwy adweithiol	Potasiwm
	Sodiwm
	Calsiwm
	Magnesiwm
	Alwminiwm
	Sinc
	Haearn
	Tun
	Plwm
	Copr
	Arian
Llai adweithiol	Aur

⬆ **Cyfres adweithedd**

Awgrym arholwr

Mae angen y wefr ar yr ïonau i gyfrifo'r nifer o bob ïon yn y cyfansoddyn. Mae angen i'r gwefrau gydbwyso – nifer y gwefrau positif yn hafal i nifer y gwefrau negatif.

Adweithiau ag asid nitrig

Mae adweithiau sy'n cynnwys asid nitrig yn ffurfio nitradau.

metel + asid nitrig ⟶ metel nitrad + hydrogen

Er enghraifft:

magnesiwm + asid nitrig ⟶ magnesiwm nitrad + hydrogen

$$Mg(s) + 2HNO_3(d) \longrightarrow Mg(NO_3)_2(d) + H_2(n)$$

21 Mae darn bach o ruban magnesiwm yn cael ei roi mewn gormodedd o asid hydroclorig gwanedig mewn tiwb berwi. Mae tymheredd cymysgedd yr adwaith yn cael ei gofnodi gan ddefnyddio synhwyrydd tymheredd ac yn cael ei ddangos ar sgrin cyfrifiadur.

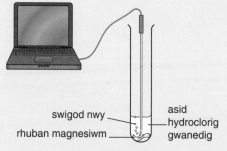

swigod nwy
rhuban magnesiwm
asid hydroclorig gwanedig

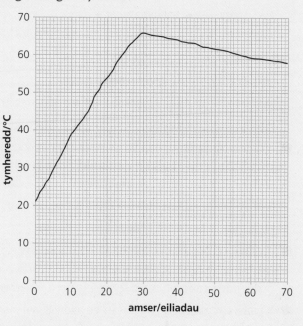

a) Defnyddiwch y graff i ateb rhannau i) a ii).

  i) Nodwch yr amser mae'n ei gymryd i'r adwaith ddod i ben. *(1 marc)*

  ii) Nodwch y **cynnydd** tymheredd mwyaf sy'n cael ei gofnodi yn ystod yr adwaith. *(1 marc)*

b) Rhowch **un** o fanteision defnyddio synhwyrydd tymheredd a chyfrifiadur i gofnodi'r tymheredd. *(1 marc)*

c) i) Heblaw'r newid yn y tymheredd, rhowch **ddau** o arsylwadau sy'n awgrymu bod newid cemegol yn digwydd pan mae magnesiwm yn cael ei ychwanegu at asid gwanedig. *(2 farc)*

  ii) Mae'r tabl canlynol yn dangos lliwiau Dangosydd Cyffredinol ar amrediadau pH gwahanol. Magnesiwm clorid yw un o gynhyrchion yr adwaith. Mae hydoddiant magnesiwm clorid yn niwtral. Nodwch liw'r Dangosydd Cyffredinol mewn hydoddiant magnesiwm clorid. *(1 marc)*

Lliw	Coch	Oren	Melyn	Gwyrdd	Glas	Glas tywyll	Porffor
Amrediad pH	0–2	3–4	5–6	7	8–9	10–12	13–14

22 Defnyddiwch y tabl o ïonau isod i ysgrifennu hafaliadau geiriau a hafaliadau symbolau cytbwys ar gyfer yr adweithiau canlynol rhwng metelau ac asidau:

  a) magnesiwm ac asid nitrig *(3 marc)*

  b) lithiwm ac asid hydroclorig *(3 marc)*

  c) calsiwm ac asid sylffwrig. *(3 marc)*

Ïonau positif		Ïonau negatif	
Lithiwm	Li^+	Clorid	Cl^-
Calsiwm	Ca^{2+}	Sylffad	SO_4^{2-}
Magnesiwm	Mg^{2+}	Nitrad	NO_3^-

Ewch ar lein i gael yr atebion   Ar lein

Niwtraliad

Adweithiau niwtralu

● Mae asidau'n adweithio ag ocsidau metel a hydrocsidau metel (sef basau) ac â charbonadau metel.

● Alcalïau, e.e. sodiwm hydrocsid, yw'r enw ar fasau hydawdd.

● Mae'r adweithiau hyn i gyd yn **ecsothermig**; maen nhw'n rhyddhau gwres i'r amgylchoedd.

● Pan mae asidau'n adweithio â basau/alcalïau, enw'r adwaith yw **niwtraliad**. Er enghraifft:

asid + bas $\longrightarrow$ halwyn metel + dŵr

asid hydroclorig + calsiwm ocsid $\longrightarrow$ calsiwm clorid + dŵr

$2HCl(d)$ + $CaO(s)$ $\longrightarrow$ $CaCl_2(d)$ + $H_2O(h)$

asid + alcali $\longrightarrow$ halwyn metel + dŵr

asid nitrig + sodiwm hydrocsid $\longrightarrow$ sodiwm nitrad + dŵr

$HNO_3(d)$ + $NaOH(d)$ $\longrightarrow$ $NaNO_3(d)$ + $H_2O(h)$

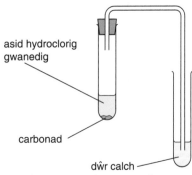

asid hydroclorig gwanedig

carbonad

dŵr calch

↑ **Cyfarpar ar gyfer y prawf carbonad**

● Mae **carbonadau** metel yn adweithio ag asidau i ffurfio halwynau metel, dŵr a nwy **carbon deuocsid**. Er enghraifft:

asid + carbonad metel $\longrightarrow$ halwyn metel + dŵr + carbon deuocsid

asid sylffwrig + magnesiwm carbonad $\longrightarrow$ magnesiwm sylffad + dŵr + carbon deuocsid

$H_2SO_4(d)$ + $MgCO_3(s)$ $\longrightarrow$ $MgSO_4(d)$ + $H_2O(h)$ + $CO_2(n)$

● Y prawf cemegol am nwy carbon deuocsid yw ei basio drwy ddŵr calch (hydoddiant calsiwm hydrocsid). Os carbon deuocsid yw'r nwy, bydd y dŵr calch yn troi'n 'gymylog' neu'n 'llaethog'.

● Y prawf am garbonad yw ychwanegu asid. Os yw'r sylwedd yn **eferwi** (rhyddhau swigod), gan gynhyrchu nwy carbon deuocsid, yna carbonad ydyw.

Adnabod cemegion

Gallwn ni ddefnyddio adweithiau cemegyn anhysbys gydag asidau neu alcalïau a gyda chemegion eraill (hysbys) fel ffordd o adnabod y cemegyn. Mae hwn yn gwestiwn arholiad cyffredin. Gall yr adweithiau gael eu cyflwyno ar ffurf siart llif ac efallai y bydd gofyn i chi enwi'r cemegyn anhysbys, **neu** efallai y cewch chi enw sylwedd a bydd rhaid i chi ddarganfod pa gemegion sy'n adweithio ag ef yn y ffyrdd sy'n cael eu dangos mewn diagram. Yn yr arholiad, astudiwch y siart llif yn ofalus a defnyddiwch bensil i ysgrifennu eich syniadau yn y diagram ac o'i gwmpas – mae'n ddigon hawdd rhoi llinell drwyddynt neu eu rhwbio i ffwrdd os newidiwch chi eich meddwl.

Enghraifft

Mae'r diagram ar dudalen 71 yn dangos rhai o adweithiau asid hydroclorig gwanedig. Rhowch enw:

1 Metel A: Sinc, oherwydd mae sinc clorid yn cael ei ffurfio pan mae'r sinc yn adweithio ag asid hydroclorig.

2 Nwy B: Hydrogen, oherwydd mae nwy hydrogen yn cael ei gynhyrchu pan mae metelau'n adweithio ag asid..

3 Hydoddiant di-liw C: Hydoddiant sodiwm clorid, oherwydd mae adwaith asid hydroclorig gyda sodiwm hydrocsid yn cynhyrchu'r halwyn sodiwm clorid.

4 Powdr du Ch: Copr ocsid, gan ei fod cynhyrchu copr(II) clorid wrth adweithio ag asid hydroclorig.

Awgrym arholwr

Mae arddull y cwestiwn yn yr Enghraifft yn un sy'n cael ei ddefnyddio'n aml mewn arholiad. Byddwch chi'n cael diagram a rhaid i chi adnabod cydrannau gwahanol o'r cliwiau. Ymarferwch gwestiynau fel hyn o'r hen bapurau arholiad.

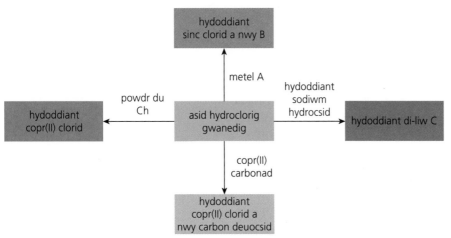

↑ Siart llif yn dangos rhai o adweithiau asid hydroclorig gwanedig

Grisialau Adolygwyd

● Mae grisialau wedi'u gwneud o araeau mawr rheolaidd o gyfansoddyn solet, e.e. sodiwm clorid. Mae'r ïonau wedi'u gosod at ei gilydd mewn dellten enfawr

● Mae grisialau'n ffurfio pan mae hydoddiant o'r cyfansoddyn yn oeri ac mae'r hydoddydd (dŵr fel rheol) yn anweddu.

● Gallwn ni 'dyfu' grisialau mawr iawn yn y labordy drwy hongian 'hedyn-risial' o'r cyfansoddyn yn ei hydoddiant a gadael i'r hydoddydd anweddu'n araf.

Profi dealltwriaeth Profwyd

23 Mae'r diagramau isod yn dangos y camau wrth wneud y cyfansoddyn copr sylffad drwy adweithio copr carbonad ag asid sylffwrig gwanedig.

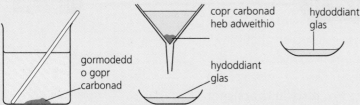

cam 1   cam 2   cam 3

gormodedd o gopr carbonad

copr carbonad heb adweithio

hydoddiant glas

hydoddiant glas

a) Nodwch pam mae gormodedd o gopr carbonad yn cael ei ychwanegu. *(1 marc)*

b) Dewiswch, o'r rhestr isod, enw'r broses sy'n digwydd:
   i) yng ngham 2 *(1 marc)*
   ii) yng ngham 3. *(1 marc)*

   berwi   anweddu   hydoddi   hidlo

c) Gallwn ni ddefnyddio'r hafaliad geiriau canlynol i ddisgrifio'r adwaith sy'n digwydd yng ngham 1.

   asid sylffwrig + copr carbonad ⟶ copr sylffad + dŵr + carbon deuocsid

   i) Dewiswch, o'r rhestr isod, enw'r grŵp o gyfansoddion y mae copr sylffad yn perthyn iddo. *(1 marc)*

      asid   bas   halwyn

   ii) **Cyfansoddion** yw pob sylwedd yn yr hafaliad uchod. Nodwch sut mae cyfansoddion yn wahanol i elfennau. *(1 marc)*

ch) Os bydd sodiwm carbonad yn cael ei ddefnyddio yn lle copr carbonad, rhowch enw cemegol y grisialau a fydd yn cael eu ffurfio yn y ddysgl anweddu yng ngham 3. *(1 marc)*

Ewch ar lein i gael yr atebion Ar lein

Olew crai a'i ddefnyddiau

Mae olew crai yn gymysgedd gymhleth o gemegion o'r enw **hydrocarbonau**. Dim ond hydrogen a charbon sydd mewn hydrocarbonau. Cafodd olew crai ei ffurfio dros gyfnod o filiynau o flynyddoedd o weddillion organebau morol syml drwy broses ffosileiddio. Dyna pam rydym ni'n galw olew crai yn **danwydd ffosil**. Gallwn ni wahanu cydrannau olew crai i wneud llawer o gemegion defnyddiol.

Olew crai fel adnodd cyfyngedig
Adolygwyd

Mae olew crai'n adnodd cyfyngedig. Mewn geiriau eraill, dim ond hyn a hyn ohono sydd ar y blaned. Mae penderfyniadau am sut i'w ddefnyddio'n cael effeithiau cymdeithasol, economaidd ac amgylcheddol byd-eang.

● Effeithiau cymdeithasol – mae pobl yn defnyddio'r tanwyddau sy'n cael eu cynhyrchu o olew crai at ddibenion gwresogi a thrafnidiaeth. Os aiff tanwydd yn brin, bydd yn mynd yn ddrud hefyd a gallai hyn gael effaith fawr ar fywydau pobl.

● Effeithiau economaidd – mae meysydd olew mewn rhai gwledydd, sy'n golygu y gall y gwledydd hyn werthu tanwyddau i wledydd sydd heb feysydd olew. Does dim rheolaeth dros bris olew gan y gwledydd sydd heb olew, a rhaid iddynt dalu faint bynnag mae'r gwledydd sy'n cynhyrchu olew'n gofyn amdano.

● Effeithiau amgylcheddol – llygrydd yw olew, ac mae'n cynhyrchu carbon deuocsid wrth gael ei losgi. Gall arllwysiadau olew gael effaith ddifrifol ar fywyd gwyllt a thwristiaeth, ac mae llosgi tanwyddau ffosil yn cyfrannu at gynhesu byd-eang drwy ychwanegu carbon deuocsid at yr atmosffer.

Gwahanu ffracsiynau olew crai
Adolygwyd

Mae nifer o gyfansoddion mewn olew crai, ac mae gan bob un ohonynt ferwbwynt gwahanol. Drwy wresogi olew crai ac yna drwy gyddwyso'r anwedd ar wahanol dymereddau, gallwn ni wahanu'r olew yn gymysgeddau llai cymhleth, o'r enw ffracsiynau. Enw'r broses hon yw **distyllu ffracsiynol**.

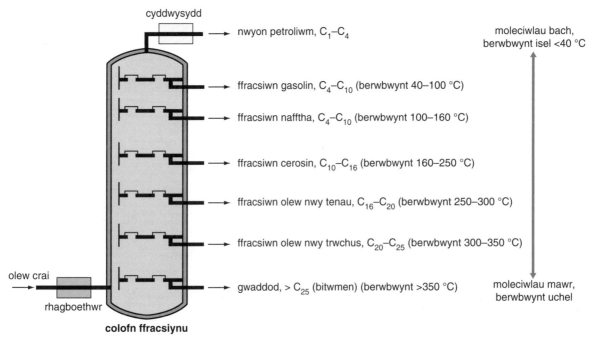

⬆ Colofn ffracsiynu yn dangos y ffracsiynau y gallwn eu cael o olew crai

Pan gaiff yr olew ei wresogi, mae'r cyfansoddion sydd â'r moleciwlau lleiaf yn yr olew crai yn berwi ar dymheredd is ac yn anweddu'n gynt na'r moleciwlau mwyaf. Wrth iddynt fynd i fyny'r golofn, maen nhw'n oeri ac yn cyddwyso, ac mae'n bosibl eu casglu.

Sylwch nad yw'r ffracsiynau'n gemegion pur; cymysgeddau ydynt o hyd, ond mae pob ffracsiwn yn gymysgedd llawer symlach na'r olew crai gwreiddiol. Mae'r rhan fwyaf o'r ffracsiynau'n cael eu defnyddio fel tanwyddau (petrol, diesel, paraffin ac ati) ond bydd rhai'n cael eu defnyddio i wneud plastigion; fe welwn ni hyn yn yr adran nesaf.

Awgrym arholwr

Efallai na fyddech chi wedi dysgu'r atebion i Gwestiwn **24** rhannau **b)** ac **c)**. Mae'r arholwr yn ceisio darganfod a allwch chi ddefnyddio eich gwybodaeth i ddatrys problemau sy'n ymwneud â chynllunio arbrawf. Bydd rhai cwestiynau tebyg i hyn ym mhob arholiad.

Profi dealltwriaeth   Profwyd

24 Mae'n bosibl defnyddio'r cyfarpar isod i wahanu olew crai i'w ffracsiynau.

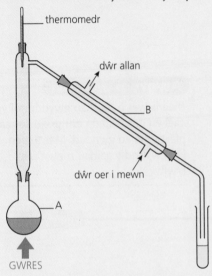

a) Enwch y prosesau ffisegol sy'n digwydd yn y rhannau o'r cyfarpar wedi'u labelu'n **A** a **B**.   *(2 farc)*

b) Nodwch bwrpas y thermomedr.   *(1 marc)*

c) Nodwch bwrpas y dŵr oer.   *(1 marc)*

ch) Beth yw enw'r proses gyflawn sy'n digwydd.   *(1 marc)*

25 Gallwn ni ddefnyddio distyllu ffracsiynol i wahanu olew crai i ffracsiynau. Mae'r tabl yn dangos rhai o briodweddau'r tri ffracsiwn cyntaf.

Ffracsiwn	Amrediad berwbwyntiau	Maint y moleciwlau (Nifer yr atomau C)	Lliw'r ffracsiwn	Pa mor hawdd yw ei losgi?
A	Hyd at 80 °C	C1 – C6	Di-liw	Yn tanio'n rhwydd ac yn llosgi â fflam lân
B	80–150 °C	C6 – C11	Melyn	Anoddach ei danio ac yn cynhyrchu rhywfaint o fwg
C	Dros 150 °C	C11 ac uwch	Oren tywyll	Anodd ei danio ac yn rhoi fflam fyglyd

Nodwch pa ffracsiwn, **A**, **B** neu **C**, fyddai'r un **mwyaf defnyddiol** fel tanwydd, gan roi rheswm dros eich ateb. Defnyddiwch y tabl i'ch helpu i ateb y cwestiwn hwn.   *(2 farc)*

Ewch ar lein i gael yr atebion   Ar lein

Plastigion a pholymerau

Mae'r rhan fwyaf o ffracsiynau olew crai'n cael eu defnyddio fel tanwydd, ond caiff eraill eu prosesu ymhellach drwy eu cracio i wneud moleciwlau bach adweithiol o'r enw monomerau; gallwn ni ddefnyddio'r monomerau hyn i wneud plastigion.

Gwneud plastigion
Adolygwyd

Mae plastigion wedi'u gwneud o foleciwlau o'r enw **polymerau**. Moleciwlau cadwyn hir yw'r rhain ac maen nhw'n cynnwys llawer o unedau llai o'r enw **monomerau**. Enw'r broses o gysylltu'r monomerau â'i gilydd i ffurfio polymerau yw **polymeriad**. Dyma'r ffeithiau allweddol am wneud plastigion:

- Mae plastigion wedi'u gwneud o hydrocarbonau o'r enw **alcanau**.
- Mae'r alcanau'n dod o ffracsiwn **nafftha** neu o ffracsiynau **olew nwy** yr olew crai.
- Caiff y monomerau i wneud plastigion eu gwneud drwy wresogi alcanau **dan wasgedd** neu gyda **chatalydd** (sy'n cyflymu'r adwaith). Enw'r broses hon yw **cracio** ac mae'n cynhyrchu alcen bach, e.e. ethen.
- Yna, caiff y monomerau eu polymeru i wneud y plastig.
- Mae monomerau gwahanol yn ffurfio plastigion gwahanol.

> **Awgrym arholwr**
>
> Mae llawer o dermau gwyddonol yn cael eu defnyddio i ddisgrifio sut caiff plastigion eu gwneud. Mae angen i chi wybod y geiriau mewn teip trwm.

Polymeriad
Adolygwyd

Mae alcenau'n cynnwys bond dwbl C=C. Maen nhw'n adweithiol iawn a gallant gysylltu â'i gilydd i ffurfio polymerau, fel mae'r diagram yn ei ddangos:

ethen → polythen

Yn yr hafaliad uchod, mae 'n' yn golygu rhif mawr. Mae'r bond dwbl wedi torri ac mae bond wedi ffurfio â moleciwl ethen cyfagos (i'r dde). Mae moleciwl ethen arall (i'r chwith) hefyd wedi cyfrannu bond.

Enw'r broses hon yw **polymeriad adio**.

Priodweddau plastigion
Adolygwyd

Gallwn fowldio neu siapio pob math o blastig, ond mae gan blastigion gwahanol briodweddau gwahanol. Y priodweddau hyn sy'n pennu sut gallwn ni ddefnyddio'r plastig. Mae'r tabl nesaf yn rhoi rhai enghreifftiau.

> **Awgrym arholwr**
>
> Does dim disgwyl i chi gofio holl briodweddau pob math o blastig. Fodd bynnag, mae disgwyl i chi wybod priodweddau cyffredinol plastigion. Yn aml, caiff y priodweddau eu rhoi a bydd gofyn i chi eu cysylltu â'r dull o'u defnyddio.

Priodwedd	Defnyddiau posibl	Enghraifft
Yn ymdoddi ar dymheredd uchel	Cynwysyddion bwyd sy'n ddiogel mewn peiriannau golchi llestri, peipiau dŵr poeth	Polypropen, PTFE
Anhyblyg	Poteli diodydd, tybiau margarin, cafnau	Polythen dwysedd uchel
Hyblyg	Haenen lynu i lapio bwyd, bagiau bin	Polythen dwysedd isel
Ddim yn amsugno dŵr	Cwpanau a photeli yfed, blychau bwyd parod	Polystyren, polypropen

Gwaredu plastig gwastraff

Adolygwyd

Gall plastig gwastraff fod yn broblem amgylcheddol gan nad yw'n torri i lawr (ymddatod). Rydym ni'n dweud ei fod yn anfiodiraddadwy. Mae'n aros mewn safleoedd tirlenwi, gan olygu nad oes lle i wastraff newydd. Hefyd, mae angen olew crai i gynhyrchu plastigion, ac mae hwnnw'n adnodd cyfyngedig. Gallwn ni leihau'r problemau hyn drwy ailddefnyddio neu ailgylchu gwastraff plastig. Caiff plastigion eu hailgylchu mewn ffyrdd gwahanol ac mae symbol ailgylchu ar y rhan fwyaf ohonynt, sy'n enwi'r plastig fel y gallwn ni ei ailgylchu mewn modd priodol.

Awgrym arholwr

Cofiwch, mewn cwestiynau Ansawdd Cyfathrebu Ysgrifenedig fel Cwestiwn **26**, bydd yr arholwyr yn chwilio am eglurhad clir. Os cewch chi'r ffeithiau sylfaenol yn gywir ond nad yw eich eglurhad yn glir neu fod diffyg manylion ynddo, gallwch chi golli marciau. Yn yr achos hwn, mae awgrymiadau wedi'u rhoi, ond dydy hyn ddim yn digwydd bob tro. Gweler tudalennau 110–111 am fwy o gymorth i ateb cwestiynau ACY.

Profi dealltwriaeth

Profwyd

26 Mae rhai pobl wedi awgrymu y gallem ni ailgylchu plastigion gwastraff a'u defnyddio nhw i gynhyrchu tai'n rhad ac yn gyflym. Gwerthuswch y ffordd bosibl hon o ddefnyddio plastigion gwastraff. Dylai eich ateb gyfeirio at:

- priodweddau plastigion
- beth sy'n digwydd i'r rhan fwyaf o blastigion ar ôl iddynt gael eu defnyddio
- yr angen i ddefnyddio adnoddau naturiol y Ddaear yn y ffordd orau bosibl. *(6 marc ACY)*

27 Cracio yw'r broses mae cwmnïau olew'n ei defnyddio ar hydrocarbonau mawr i ffurfio moleciwlau hydrocarbon llai, a mwy defnyddiol.

a) Ethen yw un o'r cynhyrchion wrth gracio decan, $C_{10}H_{22}$.

  i) Cwblhewch yr hafaliad symbolau isod ar gyfer cracio decan. *(1 marc)*

  $$C_{10}H_{22} \longrightarrow C_2H_4 + \underline{}$$

  ii) Rhowch **un** o'r amodau sy'n angenrheidiol er mwyn i gracio ddigwydd. *(1 marc)*

b) Mae ethen yn mynd drwy broses polymeriad adio i ffurfio polythen. Cwblhewch a chydbwyswch yr hafaliad symbolau isod i ddangos polymeriad adio ethen. *(2 farc)*

$$n \left[\begin{array}{c} H \quad\quad H \\ \diagdown \quad\quad \diagup \\ C = C \\ \diagup \quad\quad \diagdown \\ H \quad\quad H \end{array} \right] \longrightarrow$$

ethen

c) Rhowch y rheswm pam mae polymeriad adio'n gallu digwydd i ethen. *(1 marc)*

Ewch ar lein i gael yr atebion

Ar lein

Tectoneg platiau

Mae damcaniaeth **tectoneg platiau** wedi datblygu o ddamcaniaeth **drifft cyfandirol** a gafodd ei hawgrymu gan wyddonydd o'r enw **Alfred Wegener** ym mlynyddoedd cynnar yr ugeinfed ganrif. Ni chafodd syniadau Wegener eu derbyn gan lawer o wyddonwyr ar y pryd, ond mae tystiolaeth ddiweddarach wedi cadarnhau bod ei syniadau'n gywir.

Damcaniaeth tectoneg platiau
Adolygwyd

Dyma brif bwyntiau'r ddamcaniaeth:

- Mae arwyneb y Ddaear wedi'i wneud o gyfres o **blatiau** mawr, sy'n symud yn gyson.
- Mae'r platiau'n symud yn araf iawn.
- Mae lloriau'r cefnforoedd yn symud yn gyson, gan ymestyn gerllaw rhai ffiniau platiau a suddo gerllaw eraill.
- Mae'r symudiad yn cael ei achosi gan **geryntau darfudiad** yn ddwfn yn y Ddaear.

Damcaniaeth Wegener
Adolygwyd

Seiliodd Wegener ei ddamcaniaeth ar y dystiolaeth ganlynol:

- Roedd yn bosibl ffitio cyfandiroedd y Ddaear yn fras at ei gilydd fel jig-so.
- Roedd ffurfiannau creigiau tebyg ar y ddwy ochr i Fôr Iwerydd.
- Roedd ffosiliau tebyg i'w cael mewn tiroedd â chefnforoedd llydan rhyngddynt.
- Roedd hi'n ymddangos fel bod ffosiliau rhai rhywogaethau'n digwydd yn y lle anghywir (e.e. rhywogaethau trofannol yn Norwy) gan awgrymu bod cyfandiroedd wedi symud drwy ranbarthau â hinsoddau gwahanol.

Ni chafodd damcaniaeth Wegener ei derbyn ar y pryd, gan nad oedd yn gallu awgrymu unrhyw fecanwaith a fyddai wedi gallu symud darnau mawr o arwyneb y Ddaear.

> **Awgrym arholwr**
>
> Mae cwestiynau am ddamcaniaeth Wegener yn unig yn brin – fel rheol maen nhw'n cael eu cyfuno â chwestiynau am ddaeargrynfeydd a llosgfynyddoedd. I ateb cwestiynau am yr adran hon, mae angen i chi **ddeall** y dystiolaeth yn iawn – mae'n debyg na fydd dysgu'r ffeithiau'n unig yn ddigon.

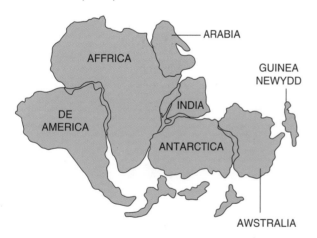

ARABIA
AFFRICA
GUINEA NEWYDD
INDIA
DE AMERICA
ANTARCTICA
AWSTRALIA

↑ **Enghraifft o sut mae'r cyfandiroedd yn gallu ffitio at ei gilydd**

Tystiolaeth ddiweddarach

Rhwng cyfnod Wegener a heddiw, mae nifer o ddarnau o dystiolaeth wedi cael eu darganfod sy'n cefnogi damcaniaeth Wegener.

● Mae astudiaethau o lawr y cefnfor wedi darganfod cadwynau o fynyddoedd a chanionau mawr. Pe bai llawr y cefnfor yn hen iawn, dylai fod yn llyfn, oherwydd yr holl waddod sy'n llifo iddo o afonydd.

● Cafodd samplau o lawr Môr Iwerydd eu dadansoddi a'u dyddio. Dangosodd hyn fod creigiau yng nghanol Môr Iwerydd yn llawer ifancach na chreigiau ar yr ymylon dwyreiniol a gorllewinol. Doedd hi ddim yn bosibl dyddio creigiau yng nghyfnod Wegener.

● Mae llawr y cefnfor yn 175 miliwn o flynyddoedd oed ar y mwyaf, ond mae rhai creigiau ar y tir yn sawl biliwn o flynyddoedd oed.

● Mae creigiau'n cadw cofnod o faes magnetig y Ddaear ac mae hyn yn newid o bryd i'w gilydd. Mae dadansoddiad o'r cofnodion magnetig hyn yn dangos bod y cyfandiroedd wedi symud ac yn rhoi syniad o ble ac i ble maen nhw wedi symud.

Profi dealltwriaeth

28 Cynigiodd Alfred Wegener y syniad o ddrifft cyfandirol yn 1915. Fodd bynnag, doedd gwyddonwyr eraill ddim wedi derbyn ei syniad tan yr 1960au.

   a) Rhowch **un** darn o dystiolaeth a ddefnyddiodd Wegener i gefnogi ei syniad. *(1 marc)*

   b) Rhowch y prif reswm pam na chafodd ei syniadau eu derbyn ar unwaith. *(1 marc)*

29 Cafodd damcaniaeth drifft cyfandirol Alfred Wegener ei gwrthod gan y rhan fwyaf o wyddonwyr yn ei gyfnod. Ers hynny, fodd bynnag, mae tystiolaeth newydd wedi cael ei darganfod. Mae hyn yn cynnwys y canlynol:

'Y pellaf rydych chi'n teithio o grib folcanig ar lawr y môr, yr hynaf yw'r gramen, a'r hynaf yw'r gwaddodion ar ben y gramen'.

   a) Eglurwch sut mae'r darn hwn o dystiolaeth yn cefnogi damcaniaeth Wegener. *(2 farc)*

   b) Beth yw'r enw ar ddamcaniaeth ddiweddaraf drifft cyfandirol? *(1 marc)*

Ewch ar lein i gael yr atebion

Ar lein

Daeargrynfeydd a llosgfynyddoedd

Mae symudiad platiau'r Ddaear yn erbyn ei gilydd yn creu grymoedd sy'n achosi daeargrynfeydd ac yn achosi i losgfynyddoedd ymddangos.

Dosraniad daeargrynfeydd a llosgfynyddoedd

Adolygwyd

Mae'r rhan fwyaf o losgfynyddoedd a daeargrynfeydd wedi'u lleoli ar hyd llinellau sy'n marcio ffiniau platiau tectonig. Mae llosgfynyddoedd yn digwydd yma oherwydd bod yr holltau yn y gramen rhwng dau blât yn fannau gwan lle gall magma (y graig dawdd dan gramen y Ddaear) fyrstio drwy'r gramen dan wasgedd.

Mae llosgfynyddoedd yn digwydd pan mae craig dawdd (magma) yn dod drwy'r arwyneb dan wasgedd. Mae haenau o graig yn oeri ac yn caledu i ffurfio côn y llosgfynydd.

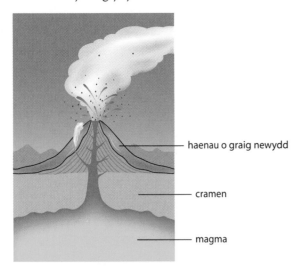

haenau o graig newydd

cramen

magma

Mae daeargrynfeydd yn digwydd ar ffiniau platiau lle mae symudiad y platiau'n achosi i symiau enfawr o egni gronni yn y graig. Pan fydd yr egni hwn yn cael ei ryddhau, mae'n achosi dirgryniadau yn y graig.

Mae'r ffaith bod y rhan fwyaf o losgfynyddoedd a daeargrynfeydd yn digwydd ar ffiniau platiau'n helpu gwyddonwyr i ragfynegi echdoriadau folcanig a daeargrynfeydd newydd, ond hefyd i ddarganfod ble yn union mae ffiniau'r platiau.

Symudiadau ar ffiniau platiau

Adolygwyd

Mae pedwar math o symudiad ar ffiniau platiau:

- Mae'r platiau'n gallu symud oddi wrth ei gilydd. Caiff craig dawdd (magma) o dan yr arwyneb ei rhyddhau. Os bydd hyn yn digwydd dan wasgedd, bydd yna echdoriad folcanig.
- Mae'r platiau'n gallu gwrthdaro. Mae hyn yn 'crychu' ymylon y platiau, gan ffurfio cadwynau o fynyddoedd.
- Mae un plât yn gallu llithro o dan y llall (yr enw ar hyn yw **tansugno**). Caiff magma ei ryddhau ac mae llosgfynyddoedd yn gallu ffurfio.
- Mae'r platiau'n gallu llithro heibio i'w gilydd.

Llosgfynyddoedd a'r atmosffer

Chwaraeodd losgfynyddoedd ran yn y broses o ffurfio atmosffer y Ddaear; byddwn ni'n sôn am hyn yn fanylach yn yr adran nesaf. Mae'n debyg bod atmosffer gwreiddiol y Ddaear yn cynnwys **hydrogen** a **heliwm** yn bennaf, ac ni fyddai'r bywyd sydd yma nawr wedi gallu goroesi. Ar y pryd, roedd y Ddaear yn dal i oeri ar ôl cael ei ffurfio. Roedd llawer iawn o losgfynyddoedd ar yr arwyneb, ac roedden nhw'n echdorri'n gyson. Roedd yr echdoriadau hyn yn rhyddhau cymysgedd o nwyon, gan gynnwys **anwedd dŵr**, **carbon deuocsid** ac **amonia**. Cyddwysodd yr anwedd dŵr i ffurfio cefnforoedd. Dechreuodd y nwyon gronni yn yr atmosffer, a hydoddodd y carbon deuocsid yn y cefnforoedd cynnar. Esblygodd bacteria yn y moroedd. Defnyddiodd y bacteria hyn y carbon deuocsid i wneud bwyd. Cafodd **ocsigen** ei ryddhau fel cynnyrch gwastraff a'i ychwanegu at yr atmosffer.

Awgrym arholwr

Mae cwestiwn **30** rhan **b)** yn rhoi dwyseddau platiau A a B. Mae hynny'n golygu bod rhaid i chi eu defnyddio yn eich ateb.

Profi dealltwriaeth

30 Mae cramen y Ddaear (y lithosffer) wedi'i ei rhannu'n blatiau enfawr. Mae'r diagram yn dangos dwy ffin, A a B, rhwng platiau.

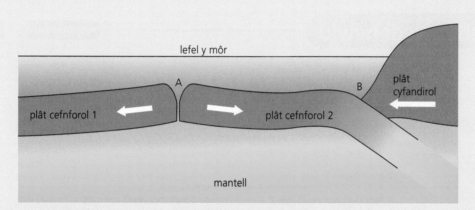

a) Disgrifiwch beth sy'n digwydd ar ffin plât A. *(2 farc)*

b) Mae'r tabl yn dangos bod dwysedd y ddau fath o blât yn wahanol. Disgrifiwch ac eglurwch beth sy'n digwydd ar ffin plât B. *(2 farc)*

Math o blât	Dwysedd (g/cm³)
Cyfandirol	2.7
Cefnforol	3.0

31 Mae'r map ar y dde'n dangos México. Llosgfynyddoedd yw'r dotiau coch, ac mae'r dotiau du'n dangos dwy ddinas, Monterrey a Ciudad de México.

a) Defnyddiwch y diagram i egluro dosbarthiad y llosgfynyddoedd. *(2 farc)*

b) Ai dinasyddion Ciudad de México neu Monterrey ddylai bryderu fwyaf am y posibilrwydd y bydd daeargryn digwydd? Eglurwch eich ateb. *(4 marc)*

Ewch ar lein i gael yr atebion

Atmosffer y Ddaear

Enw'r haen o nwyon sy'n amgylchynu'r Ddaear yw'r **atmosffer**. Mae cyfansoddiad y nwyon yn yr atmosffer wedi newid dros amser ac fe allai newid eto yn y dyfodol.

Cyfansoddiad yr atmosffer

Adolygwyd

Dyma beth sydd yn yr atmosffer ar hyn o bryd:

Nwy	Canran (%)
Nitrogen	78.1
Ocsigen	20.9
Argon	0.9
Carbon deuocsid	0.035
Eraill	0.065

Cofiwch fod y canrannau hyn ar gyfer **aer sych**. Mae **anwedd dŵr** yn yr atmosffer hefyd, ond mae ei ganran yn amrywio felly nid yw'n cael ei gynnwys yn y tabl. Y nwyon 'eraill' yw neon, heliwm, crypton, hydrogen, senon, oson a radon.

Sut mae'r atmosffer wedi newid

Adolygwyd

Mae'r nwyon yn yr atmosffer wedi aros yn gyson am filiynau o flynyddoedd, ond yn y 250 o flynyddoedd diwethaf bu cynnydd sylweddol yn lefel y carbon deuocsid. Dros holl hanes y blaned, mae'r atmosffer wedi newid sawl gwaith. I bob diben, mae'r Ddaear wedi cael tri atmosffer gwahanol dros amser.

Atmosffer	Nwyon	Eglurhad
1	Hydrogen a heliwm	Cafodd y rhain eu rhyddhau pan gafodd y blaned ei ffurfio. Mae'r ddau nwy'n ysgafn a bydden nhw wedi drifftio i ffwrdd i'r gofod.
2	Carbon deuocsid, amonia ac anwedd dŵr	Cafodd y rhain eu cynhyrchu o ganlyniad i weithgarwch folcanig y Ddaear ifanc, a oedd yn dal i oeri. Cyddwysodd yr anwedd dŵr i ffurfio cefnforoedd.
3	Y cyfansoddiad presennol	Byddai llawer o'r carbon deuocsid yn Atmosffer 2 wedi hydoddi yn y cefnforoedd. Esblygodd bacteria yn y cefnforoedd, a oedd yn gallu defnyddio'r carbon deuocsid a chynhyrchu ocsigen (ffotosynthesis). Cafodd yr amonia ei drawsnewid gan olau'r haul i greu nitrogen a hydrogen, ond drifftiodd yr hydrogen i'r gofod.

Cydbwysedd yn yr atmosffer

Adolygwyd

Mae prosesau sy'n digwydd ar y Ddaear yn gallu effeithio ar lefelau'r ocsigen a'r carbon deuocsid yn yr atmosffer.

Ffotosynthesis	Yn cael ei gyflawni gan blanhigion gwyrdd. Mae'n defnyddio carbon deuocsid ac yn cynhyrchu ocsigen.
Resbiradaeth	Yn cael ei gyflawni gan bob peth byw. Mae'n defnyddio ocsigen ac yn cynhyrchu carbon deuocsid.
Hylosgiad	Llosgi, tanwyddau ffosil gan mwyaf. Mae'n defnyddio ocsigen ac yn cynhyrchu carbon deuocsid.

Mae effeithiau ffotosynthesis a resbiradaeth yn cydbwyso'i gilydd yn fras, ond mae hylosgiad yn cynyddu lefel y carbon deuocsid. Mae'n cael llai o effaith ar lefelau ocsigen, gan fod llawer mwy o ocsigen na charbon deuocsid yn yr atmosffer. Fel canran o'r atmosffer, dydy gostyngiad bach mewn ocsigen ddim yn gwneud llawer o wahaniaeth. Mae lefel isel y carbon deuocsid yn yr atmosffer yn golygu bod cynnydd bach yn cael effaith fawr ar y canran.

32 Mae gwyddonwyr wedi bod yn astudio'r blaned Mawrth ac maen nhw'n credu bod ei hatmosffer yr un fath ag atmosffer gwreiddiol y Ddaear. Maen nhw hefyd wedi darganfod bod iâ yn bodoli mewn craterau yno. Mae'r siart cylch yn dangos cyfansoddiad yr atmosffer ar y blaned Mawrth.

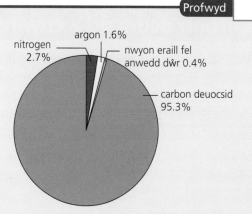

argon 1.6%
nitrogen 2.7%
nwyon eraill fel anwedd dŵr 0.4%
carbon deuocsid 95.3%

   a) Rhowch **ddau** sylwedd sy'n cael eu henwi yn y siart cylch a oedd hefyd yn brif nwyon yn atmosffer cynnar y Ddaear. *(2 farc)*

   b) Mae lle i gredu bod yr iâ yn y craterau ar y blaned Mawrth wedi cael ei ffurfio o'i hatmosffer. Eglurwch sut gallai hyn fod wedi digwydd. *(2 farc)*

33 Mae cofnodion tymheredd byd-eang yn mynd yn ôl tua 160 o flynyddoedd, sy'n ein galluogi i ddod i gasgliadau am sut mae ein hinsawdd wedi newid dros y cyfnod hwn. Mae'r graff isod yn dangos tymheredd cyfartalog y byd yn ystod y 160 o flynyddoedd diwethaf.

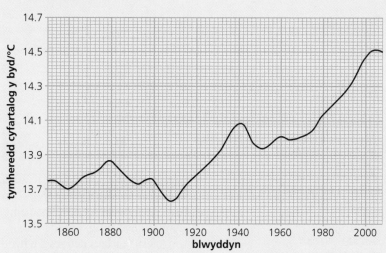

Gan ddefnyddio'r graff:

   a) Nodwch dymheredd cyfartalog y byd yn 1990. *(1 marc)*

   b) Disgrifiwch y duedd gyffredinol yn nhymheredd y byd ers 1910. *(1 marc)*

   c) Disgrifiwch y duedd gyffredinol yn nhymheredd y byd rhwng 1850 ac 1910. *(1 marc)*

Ewch ar lein i gael yr atebion — Ar lein

Cynhesu byd-eang a glaw asid

Mae cynhesu byd-eang yn un o'r problemau amgylcheddol mwyaf sy'n wynebu'r byd heddiw. Rydym ni'n meddwl mai'r **effaith tŷ gwydr** sy'n ei achosi. Mae tudalennau 100–101 yn sôn am natur yr effaith tŷ gwydr. Mae'r adran hon yn ymdrin â'r achosion a'r effeithiau, yn hytrach na'r mecanwaith.

Carbon deuocsid a chynhesu byd-eang
Adolygwyd

Mae rhai nwyon penodol (ond **carbon deuocsid** yn bennaf) yn yr atmosffer yn gweithredu fel ynysydd o amgylch y Ddaear. Ers tua 150 mlynedd, mae llawer mwy o danwyddau ffosil yn cael eu llosgi oherwydd datblygiad diwydiannol. Mae'r hylosgiad hwn yn rhyddhau carbon deuocsid i'r atmosffer, ac oherwydd lefelau isel y nwy yn yr atmosffer, mae canran y carbon deuocsid yn yr atmosffer wedi cynyddu i'r fath raddau nes cael effeithiau amlwg ar yr amgylchedd, gan gynnwys cynnydd mewn tymereddau cyfartalog ar draws y blaned.

Mae **datgoedwigo** (torri niferoedd mawr o goed a fyddai wedi amsugno carbon deuocsid) hefyd wedi cyfrannu. Mae'r diagram isod yn crynhoi cynhesu byd-eang.

> **Awgrym arholwr**
>
> Er nad yw pawb yn cytuno bod llosgi tanwyddau wedi achosi cynhesu byd-eang, mae'r mwyafrif llethol o wyddonwyr yn derbyn bod hyn yn wir.

Mae haen o garbon deuocsid a nwyon tŷ gwydr eraill yn yr atmosffer yn gweithredu fel ynysydd

Haul

Mae golau haul yn teithio drwy'r atmosffer. Caiff rhywfaint ei adlewyrchu ac mae'r gweddill yn cynhesu arwyneb y Ddaear. Yna, mae gwres yn pelydru allan tuag at yr atmosffer, lle caiff rhywfaint ohono ei amsugno gan y nwyon tŷ gwydr (gan gynnwys carbon deuocsid)

↑ **Egwyddor cynhesu byd-eang**

> **Awgrym arholwr**
>
> Yn y rhan fwyaf o gwestiynau am gynhesu byd-eang, rhoddir data am lefelau carbon deuocsid a bydd cwestiynau am achosion ac effeithiau yn dilyn.

Anfanteision cynhesu byd-eang

Mae cynhesu byd-eang yn beth drwg oherwydd:

● Gallai cynnydd yn y tymheredd achosi i gapiau iâ'r pegynau ymdoddi, gan foddi tir isel o gwmpas y byd yn barhaol.

● Gallai effeithio ar batrymau tywydd, gan arwain at amodau tywydd mwy eithafol a newidiadau i'r hinsawdd. Byddai rhai pethau byw'n methu â goroesi wedi i'w cynefinoedd newid.

Glaw asid

Adolygwyd

Yn ogystal â charbon deuocsid, mae llosgi tanwyddau'n rhyddhau nwy **sylffwr deuocsid**. Dydy sylffwr deuocsid ddim yn nwy tŷ gwydr, ond mae'n hydoddi yn yr anwedd dŵr yn yr atmosffer i ffurfio asid sylffwrig, sy'n ffurfio **glaw asid**. Mae glaw asid yn niweidiol mewn sawl ffordd:

- Mae coed conwydd yn arbennig o sensitif i asidau ac mae glaw asid yn gallu eu lladd nhw.
- Mae'r glaw asid yn gallu draenio i lynnoedd ac afonydd, gan ostwng eu pH a rhyddhau alwminiwm o'r pridd. Mae'r ddwy o'r effeithiau hyn yn lladd pysgod.
- Mae calchfaen yn adweithio ag asid, felly mae glaw asid yn achosi difrod difrifol i adeiladau a cherfluniau calchfaen.

Dal carbon a sgrwbio sylffwr

Adolygwyd

Mae'n bosibl cael gwared â rhai o'r nwyon niweidiol sy'n cael eu cynhyrchu wrth losgi tanwyddau ffosil cyn iddynt gyrraedd yr atmosffer. Mae hyn yn digwydd ar raddfa fawr mewn gorsafoedd trydan.

Mae **dal carbon** yn gallu gostwng allyriadau carbon deuocsid gorsafoedd trydan tua 90%. Mae tri cham i'r broses:

1 Dal y CO_2 o orsafoedd trydan a ffynonellau diwydiannol eraill.

2 Ei gludo i fannau storio.

3 Ei storio'n ddiogel mewn safleoedd daearegol, fel meysydd olew a nwy wedi disbyddu (*depleted*).

Mae dal carbon ar ôl hylosgi yn golygu dal y carbon deuocsid o'r nwyon sy'n cael eu rhyddhau wrth losgi tanwydd. Caiff hydoddydd cemegol ei ddefnyddio i wahanu carbon deuocsid o'r nwyon gwastraff.

Mae technegau'n cael eu datblygu hefyd i gael gwared â sylffwr deuocsid o'r nwyon gwastraff sy'n cael eu cynhyrchu gan orsafoedd trydan. **Sgrwbio sylffwr** yw'r enw ar brosesau o'r fath, ac maen nhw'n gallu lleihau lefelau sylffwr deuocsid dros 95%.

Profi dealltwriaeth

Profwyd

34 Mae'r graff yn dangos sut mae lefelau carbon deuocsid yn yr aer wedi newid rhwng 1750 a'r flwyddyn 2000.

a) Cymharwch y patrwm o newid sydd i'w weld yn y graff cyn ac ar ôl 1900. *(2 farc)*

b) Rhowch **ddau** reswm posibl dros y newid ar ôl 1900. *(2 farc)*

c) Nodwch pa effaith rydym ni'n credu mae'r newidiadau hyn mewn lefelau carbon deuocsid yn ei chael ar dymheredd atmosffer y Ddaear. *(1 marc)*

ch) Beth yw enw'r effaith hon? *(1 marc)*

d) Rhowch **un** canlyniad posibl i'r newid hwn yn nhymheredd atmosffer y Ddaear. *(1 marc)*

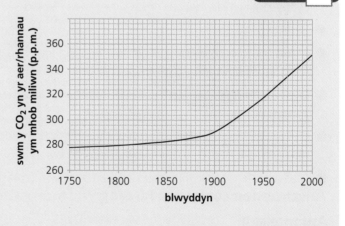

Ewch ar lein i gael yr atebion — Ar lein

Cynhyrchu trydan o danwyddau ffosil a phŵer niwclear

Cynhyrchu trydan

Adolygwyd

Trydan yw'r ffurf fwyaf defnyddiol o egni. Mae'n hawdd cynhyrchu trydan, ac mae'n eithaf hawdd ei drawsffurfio (newid) yn fathau defnyddiol eraill o egni, fel golau a gwres. Mae dros 90% o drydan y DU yn cael ei gynhyrchu mewn gorsafoedd trydan mawr sy'n defnyddio tanwyddau ffosil fel glo, olew neu nwy, neu drwy ddefnyddio pŵer niwclear.

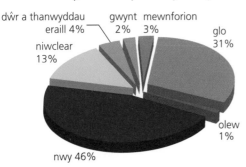

↑ **Cynhyrchu trydan yn y DU yn ôl math o danwydd**

> **Awgrym arholwr**
>
> Cofiwch astudio graffiau, diagramau a siartiau **yn ofalus iawn** cyn ateb cwestiynau amdanynt.

Manteision ac anfanteision tanwyddau ffosil a phŵer niwclear

Adolygwyd

Dyma fanteision ac anfanteision defnyddio tanwyddau ffosil a phŵer niwclear i gynhyrchu trydan:

Manteision

● Trydan rhatach.

● Maen nhw'n gallu cynhyrchu trydan ar raddfa fawr – mae'n bosibl cynhyrchu symiau mawr o drydan mewn un lleoliad.

● Cyflenwad di-dor.

● Mae'n bosibl eu hadeiladu yn unrhyw le (sydd â mynediad da at ffynhonnell tanwydd – tanwyddau ffosil).

● Dydy atomfeydd ddim yn cynhyrchu carbon deuocsid wrth gynhyrchu'r trydan.

● Dydy pŵer niwclear ddim yn cynhyrchu sylffwr deuocsid nac ocsidau nitrogen ac felly dydy e ddim yn cyfrannu at law asid.

● Mae atomfeydd yn cynhyrchu symiau mawr iawn o drydan o symiau bach iawn o danwydd, felly dim ond symiau bach o wastraff sydd.

Anfanteision

● Drud iawn i'w hadeiladu.

● Mae'r amhureddau sylffwr a nitrogen mewn tanwyddau ffosil yn cynhyrchu sylffwr deuocsid ac ocsidau nitrogen, sy'n gwneud glaw asid.

● Mae cloddio am lo ac echdynnu olew neu nwy'n cael effaith fawr ar yr amgylchedd.

> **Awgrym arholwr**
>
> Mewn atebion ysgrifennu estynedig, mae gofyn i chi gynhyrchu atebion ysgrifenedig a bod yn ofalus am safon eich cyfathrebu ysgrifenedig. Y pethau amlwg i'w gwirio yw: sillafu, atalnodi a gramadeg, defnyddio termau gwyddonol allweddol a rhoi trefn ar eich meddyliau.

- Mae strip-gloddio glo ar raddfa fawr yn cynhyrchu creithiau enfawr ar y dirwedd, a gall echdynnu a chludo olew gynhyrchu llawer o lygredd os bydd rhywbeth yn mynd o'i le.

- Mae gorsafoedd trydan tanwydd ffosil yn cynhyrchu symiau mawr o garbon deuocsid, gan gyfrannu at yr effaith tŷ gwydr a chynhesu byd-eang.

- Mae cysylltiadau rheilffordd da neu borthladd cyfagos yn angenrheidiol ar gyfer cludo symiau mawr o danwydd i orsafoedd trydan (tanwydd ffosil) mawr. Hefyd, mae angen llawer o le'n agos i'r orsaf drydan i storio glo, nwy neu olew.

- Mae'r symiau bach o wastraff mae atomfeydd yn eu cynhyrchu'n ymbelydrol iawn ac yn beryglus iawn, ac mae angen eu storio mewn man diogel (a drud) iawn.

- Mae angen systemau diogelwch cadarn a drud iawn mewn atomfeydd.

Cymharu'r gost

Adolygwyd

Cost	Gorsaf drydan glo	Fferm wynt	Atomfa
Costau comisiynu: Prynu tir Ffioedd proffesiynol Costau adeiladu Costau llafur	Uchel	Isel	Uchel iawn
Costau cynnal: Costau llafur Costau tanwydd	Uchel	Isel iawn	Uchel
Costau datgomisiynu: Gwaredu tanwydd (niwclear) Dymchwel Glanhau	Uchel	Isel	Uchel iawn

> **Awgrym arholwr**
>
> Mae **cyfrifwch** yn golygu bod rhaid i chi wneud cyfrifiad mathemategol i gynhyrchu **rhif** fel ateb.

Profi dealltwriaeth

Profwyd

1 Astudiwch y siart cylch (ar dudalen 84) sy'n dangos cyfrannau'r trydan sy'n cael eu cynhyrchu gan danwyddau gwahanol. Cyfrifwch ganran y trydan sy'n cael ei gynhyrchu gan danwyddau ffosil a phŵer niwclear gyda'i gilydd. *(1 marc)*

2 Trafodwch y ffactorau sydd i'w hystyried wrth wneud penderfyniadau am y math o orsaf drydan fasnachol a allai gael ei hadeiladu mewn ardal. *(3 marc)*

3 Mae gorsafoedd trydan mawr sy'n llosgi glo yn cael eu hadeiladu fel arfer gerllaw llynnoedd neu afonydd ac yn agos at draffyrdd a phrif linellau rheilffyrdd. Awgrymwch pam mae gorsafoedd trydan sy'n llosgi glo:

a) angen cysylltiadau ffyrdd a rheilffyrdd da *(1 marc)*

b) wedi eu hadeiladu gerllaw ffynhonnell o ddŵr. *(1 marc)*

4 Os ydych chi'n byw ar arfordir Prydain, gallai'r ardal fod yn ddelfrydol ar gyfer adeiladu gorsaf drydan yn agos at eich cartref. Y dewis yw adeiladu atomfa neu orsaf drydan sy'n llosgi glo.

a) Mae pobl yn aml yn erbyn gorsaf drydan oherwydd ei golwg. Ysgrifennwch baragraff yn disgrifio **tri** phwynt arall yn erbyn atomfa. *(3 marc)*

b) Ysgrifennwch baragraff yn disgrifio **tri** phwynt yn erbyn gorsaf drydan sy'n llosgi glo ar wahân i'w golwg. *(3 marc)*

Ewch ar lein i gael yr atebion

Ar lein

Microgynhyrchu trydan

Beth yw microgynhyrchu? Adolygwyd

Mae microgynhyrchu trydan yn golygu cynhyrchu trydan yn lleol ar raddfa fach – yn agos iawn at lle mae ei angen. Enghreifftiau o ficrogynhyrchu yw celloedd ffotofoltaidd ar ben to a thyrbinau gwynt domestig.

Mae nifer o fanteision i ficrogynhyrchu, a rhai anfanteision, o'i gymharu â chynhyrchu trydan ar raddfa fawr mewn gorsafoedd trydan.

Manteision microgynhyrchu Adolygwyd

- Ddim yn cynhyrchu carbon deuocsid, felly nid yw'n cyfrannu at yr effaith tŷ gwydr a chynhesu byd-eang
- Ddim yn cynhyrchu sylffwr deuocsid nac ocsidau nitrogen felly nid yw'n cyfrannu at law asid
- Dim costau tanwydd
- Cynhyrchu mwy effeithlon
- Mae'n bosibl gwerthu rhywfaint yn ôl i'r Grid Cenedlaethol (bwydo i mewn)
- Celloedd ffotofoltaidd ar ben to:
  - Darparu trydan 'am ddim' yn ystod oriau golau dydd
  - Mae'r system gyfartalog yn gallu cynhyrchu 3 kW o drydan (brig)
- Tyrbinau gwynt domestig:
  - Darparu trydan 'am ddim' pan mae'r gwynt yn chwythu
  - Mae'r system gyfartalog yn gallu cynhyrchu 6 kW o drydan (brig)
- Tyrbinau dŵr micro:
  - Darparu trydan 'am ddim' o nant/afon fach
  - Mae'r system gyfartalog yn gallu cynhyrchu 15 kW o drydan (brig)

Anfanteision microgynhyrchu Adolygwyd

- Cyflenwad trydan ansicr
- Ddim yn gallu cynhyrchu symiau mawr o drydan mewn un lle
- Mae llawer o leoliadau'n gyfyngedig iawn o ran pa fathau o ficrogynhyrchu sy'n gallu cael eu defnyddio
- Mae rhai pobl yn gwrthwynebu effaith weledol tyrbinau gwynt a phaneli solar
- Celloedd ffotofoltaidd ar ben to:
  - Effaith weledol ar ben to
  - Mae angen gorchuddio arwynebedd mawr i gynhyrchu symiau mawr o drydan
- Tyrbinau gwynt domestig:
  - Effaith weledol y tyrbin
  - Effaith sŵn y tyrbin
  - Anaddas yn y rhan fwyaf o leoliadau – angen safle lle mae'r gwynt yn chwythu drwy'r amser

- Tyrbinau dŵr micro:
  - Effaith weledol amgaead y tyrbin
  - Effaith sŵn y tyrbin
  - Angen nant neu afon

Amcangyfrif pŵer allbwn – tyrbin gwynt

Adolygwyd

- 25 m² yw arwynebedd llafnau'r tyrbin
- 12 m/s yw buanedd uchaf y gwynt
- dwysedd (aer) = $\dfrac{\text{màs (aer)}}{\text{cyfaint (aer)}}$ = 1.2 kg/m³
- cyfaint yr aer sy'n symud drwy lafnau'r tyrbin bob eiliad = buanedd × arwynebedd = 12 × 25 = 300 m³
- màs yr aer sy'n symud drwy'r tyrbin bob eiliad = dwysedd × cyfaint = 1.2 × 300 = 360 kg
- effeithlonrwydd y tyrbin = $\dfrac{\text{pŵer allbwn defnyddiol}}{\text{cyfanswm pŵer mewnbwn}}$ × 100 = 50 %
- pŵer allbwn y tyrbin = 6 kW = 6000 W
- pŵer mewnbwn y gwynt = 6000 × $\dfrac{100}{50}$ = 12 000 W

Awgrym arholwr

Mae angen mwy nag un 'ffaith' i ateb cwestiynau sy'n rhoi **mwy** nag un marc.

Awgrym arholwr

Mae **eglurwch** yn golygu bod rhaid i chi gynnig rhyw fath o resymu wrth amlinellu'r ddamcaniaeth.

Mae **cyfrifwch** yn golygu bod rhaid i chi roi ateb sy'n **rhif**.

Profi dealltwriaeth

Profwyd

5 Mae'r tabl yn dangos ychydig o'r wybodaeth mae cynllunwyr yn ei defnyddio i'w helpu i benderfynu ar y math o orsaf drydan y byddan nhw'n fodlon iddi gael ei hadeiladu.

	Gwynt	Niwclear
Cyfanswm cost cynhyrchu trydan (c/kWawr)	5.4	2.8
Pŵer allbwn mwyaf (MW)	3.5	3600
Hyd oes (blynyddoedd)	15	50
Gwastraff sy'n cael ei gynhyrchu	dim	sylweddau ymbelydrol; mae rhai'n aros yn beryglus am filoedd o flynyddoedd
Ôl troed carbon yn ystod ei hoes (g o CO₂/kWawr)	4.64 (atraeth) 5.25 (alltraeth)	5

a) Rhowch **un** rheswm pam nad yw'r wybodaeth yn y tabl yn cefnogi'r syniad bod pŵer gwynt yn ddull rhatach o gynhyrchu trydan. *(1 marc)*

b) Mae cefnogwyr pŵer gwynt yn dadlau y bydd yn lleihau cynhesu byd-eang yn fwy na phŵer niwclear. Eglurwch a yw'r wybodaeth yn y tabl yn cefnogi hyn ai peidio. *(2 farc)*

c) Mae cefnogwyr pŵer niwclear yn dadlau y bydd yn gallu cwrdd â'r galw am fwy o drydan yn y dyfodol, yn wahanol i bŵer gwynt. Rhowch **ddwy** ffordd mae'r wybodaeth yn y tabl yn cefnogi hyn. *(2 farc)*

6 Mae tyrbin dŵr wedi'i leoli mewn afon sy'n llifo ar 2 m/s. Dwysedd y dŵr yw 1000 kg/m³ ac mae 0.15 m³ o ddŵr yn llifo drwy'r tyrbin bob eiliad.

a) Cyfrifwch fàs y dŵr sy'n llifo drwy'r tyrbin bob eiliad. *(2 farc)*

b) Mae'r tyrbin dŵr yn cynhyrchu allbwn trydanol o 48 W. Mae'r dŵr yn mewnbynnu 120 W o egni cinetig. Cyfrifwch effeithlonrwydd y tyrbin dŵr. *(1 marc)*

Ewch ar lein i gael yr atebion

Ar lein

Y Grid Cenedlaethol a newidyddion

Pam mae angen Grid Cenedlaethol arnom ni?

Adolygwyd

Mae dros 90% o drydan y DU yn cael ei gynhyrchu mewn gorsafoedd trydan mawr. Mae swm y trydan sy'n cael ei gynhyrchu gan y gorsafoedd trydan hyn yn cael ei reoli gan y Grid Cenedlaethol. Mae'r Grid yn darparu:

● cyflenwad egni dibynadwy a diogel

● cyflenwad trydan sy'n ateb galw sy'n newid yn ystod y dydd a drwy gydol y flwyddyn

● ceblau pŵer foltedd uchel sy'n cysylltu pob gorsaf drydan â'r defnyddwyr

● is-orsafoedd trydan sy'n rheoli'r foltedd sy'n cael ei gyflenwi i ddefnyddwyr.

Mae cyfanswm y trydan sy'n cael ei ddefnyddio mewn un diwrnod a drwy'r flwyddyn yn amrywio mewn ffyrdd sy'n hawdd eu rhagfynegi:

● Mae'r defnydd dyddiol uchaf tua chwech o'r gloch, pan mae pobl yn coginio prydau bwyd gyda'r nos.

● Yn gyffredinol, mae mwy o drydan yn cael ei ddefnyddio yn ystod y gaeaf nag yn ystod yr haf, gan fod pobl yn defnyddio mwy o drydan ar gyfer goleuo a gwresogi.

Y Grid Cenedlaethol

Adolygwyd

Pan mae cerrynt trydan yn llifo drwy wifren, mae'n cynhesu'r wifren. Yna, mae'r egni gwres sy'n cael ei gynhyrchu gan y trydan yn symud i'r amgylchoedd, gan wresogi'r aer o'i gwmpas. Yr uchaf yw'r cerrynt, y mwyaf o wres sy'n cael ei golli.

Mae'r Grid Cenedlaethol wedi'i gynllunio i golli cyn lleied â phosibl o egni trydanol ar ffurf gwres wrth i'r trydan lifo drwy'r ceblau pŵer. Mae **newidyddion codi** yn newid y trydan sy'n cael ei gynhyrchu yn y gorsafoedd trydan i **foltedd uchel** iawn (fel rheol 400 000 V, 275 000 V neu 132 000 V) ac i **gerrynt isel** iawn. O ganlyniad, ychydig iawn o egni gwres sy'n cael ei golli yn y ceblau pŵer (dim ond rhyw 1% o'r holl egni sy'n cael ei drawsyrru).

Byddai'n beryglus iawn defnyddio foltedd uchel mewn cartrefi a swyddfeydd, ac felly mae newidyddion gostwng yn newid y trydan i foltedd is a cherrynt uwch er mwyn i ni allu ei ddefnyddio'n ddiogel.

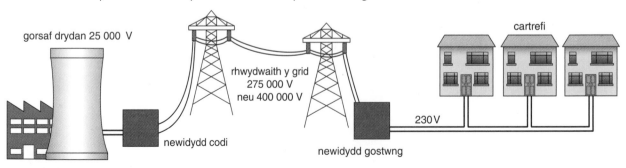

↑ **System drawsyrru'r Grid Cenedlaethol**

Pŵer trydanol

Adolygwyd

Mae pŵer trydanol yn fesur o gyfradd trawsnewid egni trydanol yn ffurfiau mwy defnyddiol o egni. Gallwn gyfrifo pŵer trydanol drwy ddefnyddio'r hafaliad:

pŵer trydanol (W) = foltedd (V) × cerrynt (A) neu P = VI

Yn y rhan fwyaf o dai yn y DU, 230 V yw foltedd y prif gyflenwad.

Enghraifft

Mae sychwr gwallt prif gyflenwad yn tynnu cerrynt o 5.5 A. Cyfrifwch bŵer y sychwr gwallt.

foltedd y prif gyflenwad = 230 V; cerrynt y sychwr gwallt = 5.5 A

P = VI; pŵer = 230 × 5.5 = 1265 W

Awgrym arholwr

Pan mae gofyn i chi ddefnyddio unedau â rhagddodiaid (e.e. kV neu MW) i wneud cyfrifiadau, gofalwch eich bod chi'n trawsnewid y rhifau'n ofalus yn ôl i'r rhifau sylfaenol. Mae 400 kV = 400 000 V ac mae 100 MW = 100 000 000 W.

Awgrym arholwr

Darllenwch gyfarwyddiadau'r cwestiynau'n ofalus – yng Nghwestiwn **7 rhan a)** gallwch chi ddefnyddio unrhyw air o'r rhestr **fwy nag unwaith**.

Profi dealltwriaeth

Profwyd

7 Mae'r diagram yn dangos rhan o'r Grid Cenedlaethol. Mae trydan yn cael ei gynhyrchu yng ngorsaf drydan A.

a) Defnyddiwch y geiriau isod i gwblhau'r brawddegau sy'n dilyn. Gallwch ddefnyddio pob gair unwaith, fwy nag unwaith neu ddim o gwbl.

newidydd   peilon   generadur   pŵer   cerrynt

i) Yn B, mae _____ yn cynyddu'r foltedd.   *(1 marc)*

ii) Mae trydan yn cael ei anfon ar foltedd uchel ar hyd C, fel bod y _____ yn llai.   *(1 marc)*

iii) Yn Ch, mae'r foltedd yn cael ei leihau drwy ddefnyddio _____.   *(1 marc)*

b) Eglurwch pam mae'r trydan yn cael ei godi yn B, ond ei ostwng yn Ch.   *(3 marc)*

c) Cymerwch fod trydan yn cael ei drawsyrru ar hyd ceblau C ar bŵer o 100 MW a foltedd o 400 kV. Defnyddiwch yr hafaliad: pŵer = foltedd × cerrynt i gyfrifo'r cerrynt yn y ceblau.   *(3 marc)*

8 Mae'r diagram yn dangos rhan o'r Grid Cenedlaethol.

a) Ar ba bwynt A, B, C, Ch neu D byddech chi'n disgwyl gweld newidydd codi?   *(1 marc)*

b) Beth yw'r foltedd ar bwynt C?   *(1 marc)*

c) Ble mae'r foltedd yn cael ei leihau i 230 V? Rhowch lythyren A, B, C, Ch neu D.   *(1 marc)*

ch) Mae'r Grid Cenedlaethol yn defnyddio foltedd uchel fel bod yr egni trydanol sy'n cael ei golli yn y ceblau: *(1 marc)*

   A yn sero

   B yn fach

   C yn fawr.

Ewch ar lein i gael yr atebion   Ar lein

Egni domestig

Sut rydym ni'n mesur cost trydan?

Pan ydych chi'n cynnau tegell i ferwi dŵr i wneud cwpanaid o de, mae'r tegell yn trawsnewid egni trydanol yn egni gwres. Mae swm yr **egni** trydanol sy'n cael ei drosglwyddo yn dibynnu ar **bŵer** y tegell ac ar yr **amser** mae'r tegell wedi'i gynnau.

egni a drosglwyddir (jouleau, J) = pŵer (watiau, W) × amser (eiliadau, s)

neu E = P × t

Mae un joule o egni trydanol yn swm bach iawn o egni. Mae pŵer tegell sy'n berwi'n gyflym yn gallu bod mor uchel â 3000 W (3 kW), ac mae'n cymryd tua 120 s (2 funud) i ferwi tegell llawn; mae hyn yn golygu bod y tegell yn trosglwyddo (3000 × 120) = 360 000 J! Felly, mae'r joule yn uned anghyfleus i fesur y defnydd o egni domestig. Yn ei lle, rydym ni'n defnyddio **unedau** trydanol (oriau cilowat, kW awr). I gyfrifo unedau trydanol rydym ni'n defnyddio'r pŵer (mewn cilowatiau) a'r amser (mewn oriau).

unedau egni trydanol a ddefnyddir = pŵer (mewn kW) × amser (mewn oriau)

Rydym ni'n talu am drydan mewn unedau. Mae un uned yn costio tuag 16c (Awst 2011), ond mae'r pris hwn yn amrywio o ddydd i ddydd, ac mae'n dibynnu ar ble rydych chi'n byw. Rydym ni'n defnyddio'r hafaliad canlynol i gyfrifo cyfanswm cost trydan:

cost (ceiniogau, c) = unedau a ddefnyddir (kW awr) × cost yr uned (ceiniog, c)

Mae'r tabl isod yn cynnwys rhai dyfeisiau domestig cyffredin, eu pŵer (mewn kW), cyfartaledd yr amser maen nhw wedi'u cynnau bob dydd (mewn oriau), nifer yr unedau maen nhw'n eu defnyddio, a'u cost (mewn ceiniogau):

Offer domestig	Pŵer (kW)	Cyfartaledd amser wedi'i gynnau bob dydd (oriau)	Cyfanswm nifer yr unedau trydanol (kW awr)	Cyfanswm cost bob dydd (c)
Tegell	3.0	0.13	0.39	6.24
Peiriant golchi	0.7	1.5	1.05	16.8
Cawod drydan	8.5	0.5	4.25	68.0
Cyfrifiadur bwrdd gwaith	0.2	3.0	0.60	9.6
Oergell-rhewgell	0.04	24.0	0.96	15.36
Teledu	0.05	4.0	0.20	3.2

Cost tanwydd

Mae nifer o ffyrdd gwahanol o gyflenwi egni i dŷ. Mae gan bob math o gyflenwad egni ei gost ei hun. Cofiwch, mae cost egni'n amrywio drwy'r flwyddyn ac mae hefyd yn amrywio oherwydd sefyllfa marchnad egni'r byd. Mae'r tabl isod yn dangos costau nodweddiadol.

Ffynhonnell egni	Cost un uned (kW awr) (c)
Trydan	16
LPG (nwy propan hylifol)	8
Olew gwresogi	6
Nwy naturiol	5
Glo di-fwg	7

Ar gyfartaledd, mae cartref yn y DU yn defnyddio 16 500 kW awr o nwy a 3300 kW awr o drydan bob blwyddyn. Felly cost gyfartalog egni yn y DU yw (16 500 × 5) + (3300 × 16) = £1353 y flwyddyn. **Nid** dyma'r gost mae'r cartref cyfartalog yn y DU yn ei thalu am egni, oherwydd dydy'r swm ddim yn cynnwys taliad sefydlog y bydd pob cwmni cyflenwi egni'n ei ychwanegu at gost yr egni i dalu am ei wasanaethau ac ati.

Gall cartrefi leihau eu biliau egni drwy gynhyrchu eu hegni eu hunain, fel rheol drwy ddefnyddio paneli solar ar ben to neu dyrbinau gwynt bach (os ydynt yn addas). Mae'r tabl isod yn dangos economeg y ddau brif ddull o gynhyrchu egni domestig.

Dull cynhyrchu egni	Pŵer (kW)	Cost nodweddiadol (£)	Arbedion y flwyddyn (£)	Amser talu'n ôl (bl.)
Trydan solar	2.7	12 000	1100	10.9
Tyrbin gwynt (ar fast)	6	20 000	3200	6.25

$$\text{amser talu'n ôl} = \frac{\text{cost prynu}}{\text{arbedion y flwyddyn}}$$

Awgrym arholwr

Gwiriwch bob cyfrifiad rydych chi'n ei wneud mewn arholiad i wneud yn siŵr nad ydych chi wedi gwneud camgymeriad, fel teipio'r rhifau anghywir ar eich cyfrifiannell!

Profi dealltwriaeth
Profwyd

9 Mae darn arian £1 yn prynu 5 uned (kW awr) o drydan mewn mesurydd trydan rhagdal.

a) Defnyddiwch yr hafaliad cost 1 uned = $\dfrac{\text{cost}}{\text{nifer yr unedau}}$ i gyfrifo cost 1 uned. *(1 marc)*

b) Defnyddiwch yr hafaliad amser (awr) = $\dfrac{\text{nifer yr unedau}}{\text{pŵer (kW)}}$ i gyfrifo am faint o amser mae'n bosibl defnyddio tân trydan 2 kW cyn y bydd y darn £1 yn rhedeg allan. *(2 farc)*

10 Mae perchennog tŷ yn prynu nwy ar gyfer gwresogi a choginio, a thrydan ar gyfer goleuo a phweru offer trydanol. Mae'r tabl yn rhoi gwybodaeth am sut mae'r perchennog yn defnyddio egni a beth yw cyfanswm y gost bob blwyddyn.

Blwyddyn	Unedau trydan (kW awr)	Unedau nwy (kW awr)	Cyfanswm unedau egni (kW awr)	Cyfanswm cost (£)
1 Ion – 31 Rhag 2005	4309	36 958	41 267	866.62
1 Ion – 31 Rhag 2006	4540	33 446	37 986	949.65

a) Ysgrifennwch hafaliad addas a'i ddefnyddio ynghyd â'r data o'r tabl i ddarganfod cost gyffredinol 1 uned (kW awr) o egni yn 2006. *(3 marc)*

b) Ar 1 Ionawr 2006, ffitiodd y perchennog banel solar, ar gost o £2000, i ddarparu dŵr poeth ar gyfer gwresogi.

   i) Defnyddiwch ddata o'r tabl i amcangyfrif nifer yr unedau a gafodd eu cynhyrchu gan y panel solar yn 2006. *(1 marc)*

   ii) Defnyddiwch yr ateb yn rhan a) i gyfrifo faint o arian a arbedodd ar ei fil nwy yn 2006. *(1 marc)*

   iii) Cyfrifwch yr amser mae'n ei gymryd i'w arbedion blynyddol ad-dalu cost y panel solar. *(2 farc)*

   iv) Rhowch reswm pam gallai'r amser talu'n ôl a gafodd ei gyfrifo yn **iii**) fod yn llawer llai. *(1 marc)*

Ewch ar lein i gael yr atebion
Ar lein

Trosglwyddo egni ac effeithlonrwydd

Diagramau Sankey

Gallwn ni ddefnyddio diagram Sankey i ddangos trosglwyddiad egni (neu bŵer) o un ffurf i ffurf arall. Yn ogystal â dangos y mathau o egni wrth iddynt drawsffurfio i ffurfiau eraill ar egni, mae'r diagram yn dangos y symiau dan sylw hefyd. Dyma ddiagram Sankey ar gyfer bwlb golau sy'n defnyddio egni'n effeithlon.

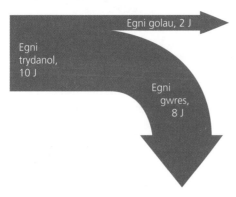

Egni golau, 2 J

Egni trydanol, 10 J

Egni gwres, 8 J

↑ **Diagram Sankey ar gyfer bwlb golau sy'n defnyddio egni'n effeithlon**

Mae diagramau Sankey yn cael eu llunio **wrth raddfa** – mae lled y saeth ar unrhyw bwynt yn dangos faint o egni sy'n cael ei drawsffurfio. Rydym ni fel rheol yn ysgrifennu'r math o egni a swm yr egni (neu bŵer) ar y saeth, ac mae'r ffurfiau egni defnyddiol fel rheol yn mynd ar hyd brig y diagram, gyda'r ffurfiau gwastraff yn crymu tuag i lawr. Mae diagram Sankey yn ffordd dda o ddangos trosglwyddiadau egni (neu bŵer) gan ddyfais neu yn ystod proses. Maen nhw hefyd yn dangos pa mor effeithlon yw'r broses – y mwyaf yw saeth yr egni defnyddiol o'i gymharu â'r saeth mewnbwn, yr uchaf yw'r effeithlonrwydd.

Effeithlonrwydd

Mesur yw effeithlonrwydd o faint o egni (neu bŵer) defnyddiol sy'n dod allan o ddyfais neu broses o'i gymharu â chyfanswm yr egni (neu'r pŵer) sy'n mynd i mewn i'r ddyfais neu'r broses. Fel rheol, mae effeithlonrwydd yn cael ei fynegi fel canran, ac rydym yn defnyddio'r hafaliad hwn i'w gyfrifo:

$$\% \text{ effeithlonrwydd} = \frac{\text{egni (neu bŵer) defnyddiol a drosglwyddir}}{\text{cyfanswm egni (neu bŵer) mewnbwn}} \times 100$$

Enghraifft

Gallwn ni ddefnyddio data'r diagram Sankey i gyfrifo effeithlonrwydd y bwlb golau sy'n defnyddio egni'n effeithlon. Cyfanswm yr egni mewnbwn (fel trydan) yw 10 J. Yr egni allbwn defnyddiol (fel golau) yw 2 J.

$$\% \text{ effeithlonrwydd} = \frac{\text{egni defnyddiol a drosglwyddir}}{\text{cyfanswm egni mewnbwn}} \times 100$$

$$= \frac{2}{10} \times 100 = 20\%$$

> **Awgrym arholwr**
>
> Does dim rhaid i fyfyrwyr haen sylfaenol aildrefnu hafaliadau – ond efallai y bydd rhaid i chi newid rhifau sy'n cael eu rhoi mewn rhagddodiaid, fel kW, yn ôl i unedau sylfaenol, fel W.

Mae dyfeisiau sy'n defnyddio egni'n effeithlon yn bwysig iawn ar gyfer y dyfodol. Y mwyaf effeithlon yw dyfais, y mwyaf o'r egni mewnbwn sy'n cael ei allbynnu fel egni defnyddiol a'r lleiaf sy'n cael ei wastraffu. Ar eu gorau, mae effeithlonrwydd gorsafoedd trydan tanwydd ffosil confensiynol tua 33%. Mae hyn yn golygu, o bob 100 tunnell fetrig o lo neu olew sy'n cael eu defnyddio, mai dim ond 33 tunnell fetrig sy'n cael eu trawsnewid yn uniongyrchol yn drydan defnyddiol. Mae gweddill y glo neu olew, i bob diben, yn cynhesu'r atmosffer ac yn cynhyrchu nwy carbon deuocsid diangen! Mae effeithlonrwydd tyrbinau gwynt tua 50% ac mae effeithlonrwydd paneli solar tua 30%.

Fel rheol, mae effeithlonrwydd bylbiau golau ffilament twngsten safonol mor isel â 2–3%; mae effeithlonrwydd bylbiau 'egni isel' tua 20% ond mae effeithlonrwydd bylbiau golau LED yn gallu bod cymaint â 90%. Dychmygwch yr effaith ar ddefnydd trydan pe bai pob bwlb golau yn y DU yn cael ei ddisodli gan fwlb LED!

Awgrym arholwr

Mae dau fath o gwestiwn hafaliadau yn codi yn yr arholiad. **Naill ai** byddwch chi'n cael hafaliad a bydd angen i chi ddewis y data cywir i'w defnyddio yn yr hafaliad; **neu** byddwch chi'n cael y data cywir a bydd gofyn i chi ddewis yr hafaliad cywir o'r rhestr ym mlaen y papur arholiad.

Ar y papur haen uwch, efallai y bydd angen i chi hefyd aildrefnu'r hafaliad fel rhan o'r cwestiwn.

Profi dealltwriaeth

Profwyd

11 Mae'n bosibl berwi dŵr mewn sosban ar alch nwy. Mae'r egni sy'n cael ei drosglwyddo i'w weld ar y dde.

a) Ysgrifennwch hafaliad a'i ddefnyddio i ddarganfod effeithlonrwydd gwresogi dŵr fel hyn. *(3 marc)*

b) Mae tegell trydan yn 90% effeithlon wrth ferwi dŵr. Cwblhewch y diagram trosglwyddo egni isod. Dydy'r diagram ddim wrth raddfa. *(2 farc)*

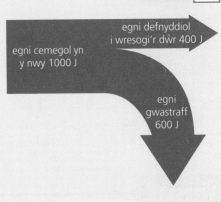

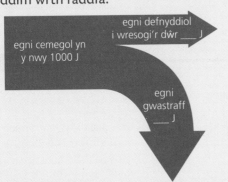

12 Mae'r tabl yn dangos sut mae egni'n cael ei ddefnyddio mewn gorsaf drydan sy'n llosgi glo. Ysgrifennwch, mewn geiriau, hafaliad addas a'i ddefnyddio i gyfrifo effeithlonrwydd yr orsaf drydan. *(3 marc)*

Egni mewnbwn bob eiliad	Egni allbwn bob eiliad
6000 MJ	3350 MJ o egni'n cael ei gymryd i ffwrdd fel gwres yn y dŵr sy'n cael ei ddefnyddio i oeri
	2100 MJ o egni'n cael ei fwydo i mewn i'r Grid Cenedlaethol
	550 MJ o egni yn y nwyon sy'n cael eu rhyddhau yn ystod y llosgi

Ewch ar lein i gael yr atebion

Ar lein

Gwresogi cartrefi

Darfudiad, dargludiad a phelydriad

Rydym ni'n gwresogi ein cartrefi drwy ddefnyddio dyfeisiau fel tanau trydan neu reiddiaduron dŵr poeth sy'n trawsffurfio ffynonellau egni fel trydan neu nwy i roi gwres. Bydd egni thermol (gwres) yn symud o le **poeth** (lle mae'r tymheredd yn uwch) i le **oer** (lle mae'r tymheredd yn is). Mae'n gwneud hyn drwy gyfrwng **dargludiad**, **darfudiad** neu **belydriad**.

Dargludiad

Mae dargludiad yn digwydd drwy solidau a hylifau. Mae metelau yn ddargludyddion thermol da iawn. Ynysyddion yw'r enw ar ddefnyddiau sydd ddim yn dargludo egni thermol yn dda – mae llawer o anfetelau'n ynysyddion da.

Darfudiad

Mae darfudiad yn digwydd drwy hylifau a nwyon. Pan mae nwy (neu hylif) yn cael ei wresogi, mae'r gronynnau'n symud yn gyflymach. Wrth i'r gronynnau gyflymu, maen nhw'n mynd yn bellach oddi wrth ei gilydd, gan gynyddu cyfaint y nwy. Mae hyn yn achosi i ddwysedd y nwy leihau. Bydd nwy llai dwys yn codi'n uwch na nwy mwy dwys. Wrth i'r nwy godi, mae'n oeri eto, mae'r gronynnau'n arafu, yn mynd yn agosach at ei gilydd, yn mynd yn ddwysach ac yn disgyn. Mae hyn yn creu cerrynt darfudiad sy'n gwresogi'r ystafell. Mae gwahaniaethau tymheredd ym mantell y Ddaear ac yn yr atmosffer yn achosi ceryntau darfudiad naturiol.

Pelydriad

Mae gwrthrychau **poeth** yn allyrru pelydriad thermol. Mae rheiddiadur dŵr poeth yn allyrru pelydriad electromagnetig **isgoch**. Mae gwrthrychau du pŵl yn dda am allyrru ac amsugno pelydriad thermol. Mae gwrthrychau sgleiniog lliw golau'n dda am adlewyrchu pelydriad thermol. Mae pob gwrthrych yn allyrru pelydriad thermol, ond yr uchaf yw tymheredd y gwrthrych, y mwyaf o belydriad thermol sy'n cael ei allyrru.

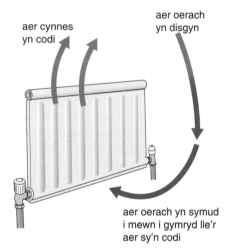

aer cynnes yn codi

aer oerach yn disgyn

aer oerach yn symud i mewn i gymryd lle'r aer sy'n codi

↑ **Ceryntau darfudiad yn trosglwyddo gwres o'r rheiddiadur i'r ystafell**

Ynysiad

Gallwn ni leihau faint o egni thermol sy'n dianc o dŷ drwy ddefnyddio **systemau ynysu** domestig sy'n gweithio drwy leihau effeithiau dargludiad, darfudiad a phelydriad thermol. Mae'r tabl ar y dudalen nesaf yn crynhoi'r prif systemau y gallwn ni eu gosod.

Awgrym arholwr

Mae cwestiynau am wresogi'r cartref yn enghreifftiau da iawn o gwestiynau sy'n golygu defnyddio data. Mae Cwestiwn **13** yn rhoi gwybodaeth mewn tabl, ac mae Cwestiwn **14** yn rhoi data mewn graff. Yn y naill achos a'r llall, bydd angen i chi godi gwybodaeth o'r data er mwyn ateb y cwestiynau. Astudiwch y wybodaeth a gewch chi yn ofalus, gan wirio penawdau colofnau, unedau, echelinau graffiau, tueddiadau yn y data ac unrhyw labeli neu anodiadau.

System ynysu	Sut mae'n gweithio	Costau gosod nodweddiadol	Arbedion blynyddol nodweddiadol	Amser talu'n ôl (bl.)
Atal drafftiau	Gosod stribedi atal drafftiau a rhimynnau drafft, gan leihau **darfudiad** aer poeth drwy fylchau o dan ddrysau ac mewn fframiau ffenestri.	£50	£50	1
Ynysiad waliau ceudod	Llenwi'r bwlch rhwng waliau brics dwbl ag ewyn. Mae'r ewyn yn dal aer, sy'n **ddargludydd gwael** ac yn atal aer rhag cylchredeg o fewn y ceudod, gan leihau'r gwres sy'n cael ei golli drwy **ddarfudiad**.	£250	£110	2.3
Ynysiad llawr	Gosod gwlân mwynol rhwng y trawstiau o dan yr estyll a defnyddio silicon i selio'r bylchau rhwng y sgyrtin a'r estyll. Mae hyn yn lleihau colledion thermol drwy ddargludiad a darfudiad.	£140	£70	2
Ynysiad atig/ croglofft	Gosod ynysiad gwlân mwynol rhwng y trawstiau pren yn yr atig. Mae hyn yn lleihau colledion thermol drwy ddargludiad a darfudiad.	£250	£150	1.7
Gwydro dwbl	Dau ddarn o wydr a bwlch rhyngddynt. Mae hyn yn lleihau colledion thermol drwy ddargludiad a darfudiad.	£2000	£130	15.4

13 Mae perchennog tŷ yn penderfynu lleihau'r bil gwresogi drwy wella ynysiad y tŷ. Mae'r tabl yn dangos cost y gwelliannau a'r arbedion blynyddol.

Dull ynysu	Cost	Arbediad blynyddol
Atal drafftiau drysau a ffenestri	£80	£30
Rhoi siaced o amgylch y tanc dŵr poeth	£20	£20
Ynysu waliau ceudod	£1100	£50
Ynysu'r atig	£400	**i)**
Cyfanswm	**ii)**	**£200**

a) Cwblhewch y tabl. *(2 farc)*

b) Roedd perchennog y tŷ yn gwario £1200 y flwyddyn ar wresogi ei dŷ cyn ei ynysu. Faint mae e'n disgwyl ei wario bob blwyddyn ar ôl gwella'r ynysiad? *(1 marc)*

c) Rhowch reswm pam mae ynysu waliau ceudod yn lleihau'r gwres sy'n cael ei golli drwy ddarfudiad. *(1 marc)*

14 a) Nodwch sut mae ffenestri gwydr dwbl yn lleihau'r gwres sy'n cael ei golli drwy ffenestri tŷ. *(2 farc)*

b) Mae'r graff yn dangos canlyniadau ymchwiliad i weld sut mae lled y bwlch aer rhwng dau gwarel gwydr yn effeithio ar gyfradd colli egni drwy ffenestr gwydr dwbl. Mae'r ymchwiliad yn defnyddio ffenestr ag arwynebedd o 1 m² ac yn cadw gwahaniaeth tymheredd o 20 °C rhwng y tu mewn a'r tu allan.

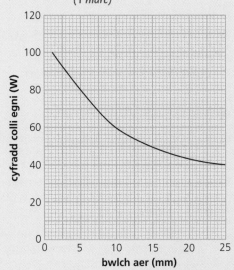

i) Defnyddiwch y graff i amcangyfrif y gyfradd colli egni gyda bwlch aer o 0 mm, ac eglurwch sut cawsoch chi eich ateb. *(2 farc)*

ii) Rhowch **ddau** reswm pam mae'r rhan fwyaf o wneuthurwyr ffenestri gwydr dwbl yn annhebygol o ddefnyddio bwlch aer sy'n fwy na 20 mm. *(2 farc)*

Ewch ar lein i gael yr atebion — Ar lein

Disgrifio tonnau

Sut rydym ni'n disgrifio tonnau?

Adolygwyd

Rydym ni'n disgrifio tonnau yn nhermau eu **tonfedd**, **amledd**, **buanedd** ac **osgled**. Mae'r diagram yn dangos y meintiau hyn ar don ardraws fel ton ddŵr, neu olau, lle mae cyfeiriad dirgryniad y don ar ongl sgwâr i gyfeiriad teithio'r don.

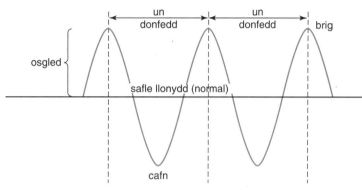

↑ Mesuriadau ton

● **Mae osgled** ton yn fesur o'r egni sy'n cael ei gludo gan don. Caiff osgled ei fesur o'r safle llonydd (normal) i ben brig, neu i waelod cafn. Mae gan sain uchel osgled uwch na sain distaw.

● **Tonfedd**, λ, ton yw'r pellter mae'r don yn ei gymryd i ailadrodd ei hun – fel rheol caiff tonfedd ei mesur o un brig i'r brig nesaf. Caiff tonfedd ei mesur mewn metrau, m.

● **Amledd**, f, ton yw nifer y tonnau sy'n mynd heibio i bwynt mewn 1 eiliad. Caiff amledd ei fesur mewn Hertz, Hz; mae 1 Hz = 1 don bob eiliad.

● **Buanedd** ton, c, yw'r pellter mae ton yn ei deithio mewn 1 eiliad. Caiff buanedd ton ei fesur mewn metrau yr eiliad, m/s.

Cyfrifo buanedd, amledd a thonfedd

Adolygwyd

● Gallwn ni ddefnyddio'r hafaliad canlynol i gyfrifo buanedd ton:

$$\text{buanedd ton} = \frac{\text{pellter}}{\text{amser}}$$

● Mae'r berthynas rhwng buanedd, amledd a thonfedd ton yn cael ei rhoi gan yr hafaliad ton sylfaenol:

$$\text{buanedd ton} = \text{amledd} \times \text{tonfedd}$$
$$\text{neu } c = f\lambda$$

● Mae tonnau'n teithio ar amrywiaeth o fuaneddau gwahanol.

● Mae pob ton electromagnetig yn teithio ar fuanedd golau, $c = 300\,000\,000$ m/s neu 3×10^8 m/s.

● Mae tonnau dŵr yn teithio ar tua 4 m/s.

> **Awgrym arholwr**
>
> Astudiwch gwestiynau sy'n cynnwys diagramau yn ofalus. Mae Cwestiwn **16** yn gofyn i chi fesur rhai meintiau (tonfedd ac osgled) o'r diagram – mae angen i chi adolygu beth yw'r meintiau cyn gwneud mesuriadau o'r diagram.

Enghreifftiau

1 Mae syrffiwr yn cymryd 10 s i deithio 50 m ar frig ton cyn iddo gyrraedd y traeth. Beth yw ei fuanedd?

$$\text{buanedd ton} = \frac{\text{pellter}}{\text{amser}} = \frac{50}{10} = 5 \text{ m/s}$$

2 Tonfedd y tonnau yw 40 m. Beth yw amledd y tonnau?

buanedd tonnau = amledd × tonfedd: $c = f \lambda$

wedi'i aildrefnu: $f = \dfrac{c}{\lambda} = \dfrac{5}{40} = 0.125\,$Hz

3 Cyfrifwch fuanedd tonnau sain yn teithio drwy bren ag amledd o 5 kHz a thonfedd o 79.2 cm.

Yn gyntaf, newidiwch yr unedau: 5 kHz = 5000 Hz a 79.2 cm = 0.792 m

Yna defnyddiwch yr hafaliad: buanedd ton = amledd × tonfedd

$c = f \lambda = 5000 \times 0.792 = 3960\,$m/s

Awgrym arholwr

Yng Nghwestiwn **15** mae angen i chi ddefnyddio'r graff i godi data y gallwch chi eu rhoi yn yr hafaliadau a roddir. Tynnwch linellau fertigol ar y graff ar y tonfeddi gofynnol, yna defnyddiwch linellau llorweddol ar draws y graff lle maen nhw'n taro'r gromlin i ddod o hyd i'r amleddau cyfatebol.

Profi dealltwriaeth

Profwyd

15 Mae'r graff yn dangos sut mae amledd tonnau cefnfor dwfn yn dibynnu ar donfedd y tonnau.

a) Defnyddiwch wybodaeth o'r graff a'r hafaliad buanedd ton = tonfedd × amledd i gyfrifo buanedd tonnau â thonfedd o 40 m. *(2 farc)*

b) Mae meteoryn mawr yn disgyn i'r môr ac yn cynhyrchu tonnau ag amrywiaeth o donfeddi.

   i) Defnyddiwch yr hafaliad buanedd = $\dfrac{\text{pellter}}{\text{amser}}$ i gyfrifo faint o amser mae'n ei gymryd i donnau â thonfedd 40 m gyrraedd ynys 5600 m i ffwrdd. *(1 marc)*

   ii) A fydd tonnau 10 m yn cyrraedd cyn neu ar ôl y tonnau 40 m? Defnyddiwch wybodaeth o'r graff i egluro eich ateb. *(2 farc)*

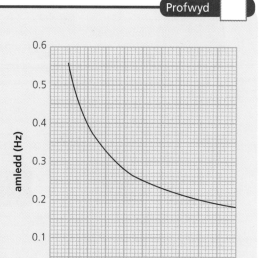

16 Mae'r diagram yn dangos dilyniant o donnau.

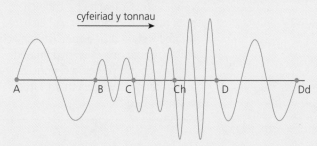

cyfeiriad y tonnau

A   B   C   Ch   D   Dd

a) Faint o donnau sydd i'w gweld rhwng A ac C? *(1 marc)*

b) Rhwng pa ddau o'r pwyntiau, A–Dd, mae:

   i) y donfedd fwyaf? *(1 marc)*

   ii) yr osgled lleiaf? *(1 marc)*

c) Mae'r wyth ton rhwng A a Dd yn ymestyn am bellter o 240 cm. Cyfrifwch donfedd gyfartalog y tonnau. *(1 marc)*

17 Mae golau melyn yn teithio atom ni o'r Haul ar fuanedd o 3×10^8 m/s. Ei amledd yw 5×10^{14} Hz. Ysgrifennwch, mewn geiriau, hafaliad addas a'i ddefnyddio i gyfrifo tonfedd y golau melyn hwn. *(3 marc)*

Ewch ar lein i gael yr atebion

Ar lein

Y sbectrwm electromagnetig

Beth yw'r sbectrwm electromagnetig?

Mae'r sbectrwm electromagnetig yn deulu o donnau (ardraws) sydd i gyd yn teithio ar yr un buanedd mewn gwactod, sef 300 000 000 m/s neu 3×10^8 m/s.

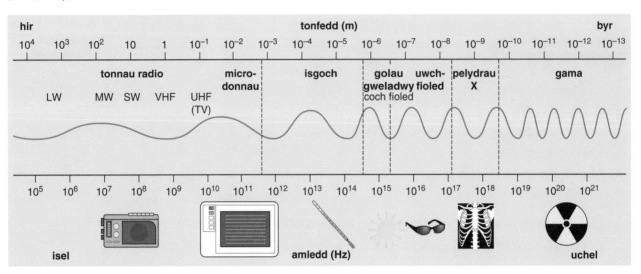

↑ **Y sbectrwm electromagnetig**

Mae tonfeddi, amleddau ac egnïon gwahanol gan bob rhan o'r sbectrwm electromagnetig. Yr uchaf yw amledd y don, y mwyaf yw ei hegni. Amledd, tonfedd ac egni ton electromagnetig sy'n pennu ei holl briodweddau a sut bydd hi'n ymddwyn.

- Mae llawer iawn o egni gan **belydrau gama**. Maen nhw'n gallu ïoneiddio (lladd neu niweidio) celloedd canser, ond rydym ni'n eu defnyddio nhw hefyd i ddelweddu'r corff.

- Mae **pelydrau X** hefyd yn ïoneiddio, ac yn cael eu defnyddio ar gyfer delweddu meddygol.

- Mae golau **uwchfioled** yn gallu ïoneiddio celloedd y croen, gan achosi llosg haul.

- Mae pelydriad **isgoch** yn cael ei ddefnyddio ar gyfer gwresogi ac ar gyfer cyfathrebu, er enghraifft mewn teclynnau rheoli o bell a ffibrau optig.

- Mae **microdonnau** hefyd yn cael eu defnyddio i wresogi ac i gyfathrebu, yn enwedig fel signalau ffonau symudol. Mae rhai pryderon cyhoeddus am risgiau iechyd posibl yn gysylltiedig â'r microdonnau sy'n cael eu defnyddio i drawsyrru signalau ffonau symudol, yn enwedig effaith hirdymor lefelau isel o ficrodonnau ar blant.

- Rydym ni'n defnyddio **tonnau radio** i gyfathrebu dros bellteroedd llawer mwy, ac i drawsyrru rhaglenni teledu a radio.

Mae pob rhan o'r sbectrwm electromagnetig yn gallu cludo gwybodaeth ac egni. Mae sêr hefyd yn allyrru pob rhan o'r sbectrwm, gan roi gwybodaeth i ni am eu cyfansoddiad a'u hymddygiad.

Awgrym arholwr

Mae eich atebion i gwestiynau am y pwnc hwn yn dibynnu ar eich gallu i ddysgu'r sbectrwm electromagnetig yn ei drefn. Cofiwch ef – rhowch gopi mawr A3 ohono ar wal eich ystafell wely – dros amser, fe wnewch chi ei ddysgu heb sylwi hyd yn oed! Gallech chi hefyd geisio ei gofio drwy ei ysgrifennu sawl gwaith yn ystod wythnos neu fis.

Pelydriad thermol

Adolygwyd

Mae pob gwrthrych yn allyrru pelydriad electromagnetig. Ychydig iawn o belydriad sy'n cael ei allyrru gan wrthrychau oer iawn.

Ond wrth i dymheredd y gwrthrych gynyddu, mae swm y pelydriad sy'n cael ei allyrru'n cynyddu hefyd, ynghyd ag amledd y tonnau sy'n cael eu hallyrru.

Pan fydd y tonnau'n cyrraedd isgoch rydym ni'n adnabod y pelydriad sy'n cael ei allyrru fel egni gwres. Ond mae gwrthrychau hynod o boeth, fel sêr, yn allyrru symiau gwahanol o bob rhan o'r sbectrwm gan ddibynnu ar dymheredd, màs a chyfansoddiad y seren, a lle mae'r seren yn ei chylchred oes. Yn aml, mae sbectrwm allyrru nodweddiadol gwrthrych poeth yn cael ei alw'n gromlin pelydriad 'corff du' (cyflawn); mae'r diagram yn dangos un o'r rhain.

Gallwch chi weld o'r diagram, wrth i dymheredd y gwrthrych newid, bod y gromlin pelydriad 'corff du' nodweddiadol yn newid hefyd, yn ehangu (yn allyrru mwy o donfeddi) ac yn allyrru tonnau ag arddwysedd uwch.

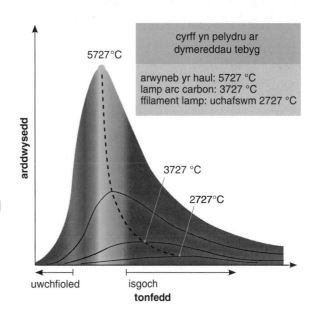

↑ Cromliniau pelydriad 'corff du'

Profi dealltwriaeth

Profwyd

18 a) Gan ddefnyddio'r geiriau isod, llenwch y rhannau coll sydd ar gael yn y sbectrwm electromagnetig. *(2 farc)*

uwchfioled　　**tonnau radio**　　**tonnau sain**　　**tonnau dŵr**

i)	microdonnau	isgoch	golau gweladwy	(ii)	pelydrau X	pelydrau gama

b) Mae rhai tonnau electromagnetig yn cael eu defnyddio ar gyfer cyfathrebu.

　i)　Enwch y don sy'n cael ei defnyddio gan declynnau rheoli o bell. *(1 marc)*

　ii)　Enwch y don sy'n cael ei defnyddio i gyfathrebu â lloeren yn y gofod. *(1 marc)*

c) Mae rhai o'r tonnau hyn yn gallu bod yn niweidiol.

　i)　Enwch **un** don o'r rhestr sy'n gallu ïoneiddio celloedd yn y corff. *(1 marc)*

　ii)　Beth yw perygl dos mawr o belydrau isgoch? *(1 marc)*

19 Astudiwch y diagram sy'n dangos y gromlin pelydriad 'corff du' uchod. Mae'r llinell doredig yn dangos sut mae safle uchafbwynt y graff yn newid yn ôl y tymheredd.

　a) Beth yw'r gwahaniaeth mewn tymheredd rhwng ffilament lamp a lamp arc carbon? *(1 marc)*

　b) Sut mae safle'r uchafbwynt yn newid rhwng tymheredd ffilament lamp a lamp arc carbon? *(2 farc)*

　c) Sut byddech chi'n disgrifio sbectrwm allyrru arwyneb yr Haul? *(3 marc)*

Ewch ar lein i gael yr atebion

Ar lein

Yr effaith tŷ gwydr

Beth yw'r effaith tŷ gwydr?

Pam mae'r tymheredd y tu mewn i dŷ gwydr ar ddiwrnod heulog yn llawer uwch nag y tu allan i'r tŷ gwydr? Beth yw'r cysylltiad rhwng hyn a chynhesu byd-eang?

Mae arwyneb gweladwy'r Haul (sef y ffotosffer) yn gweithredu fel pelydrydd 'corff du' neu 'cyflawn' (gweler tudalennau 98–99), gan allyrru pelydriad arddwysedd brig yn rhan weladwy'r sbectrwm electromagnetig.

Mae'r golau gweladwy o'r Haul yn pasio drwy ein hatmosffer mewn ffordd debyg i olau'n mynd drwy'r gwydr mewn tŷ gwydr. Caiff rhywfaint o'r golau gweladwy ei amsugno gan yr atmosffer, ond mae'r mwyafrif helaeth ohono'n taro arwyneb y Ddaear – fel llawr tŷ gwydr. Caiff llawer o'r golau gweladwy hwn ei adlewyrchu'n ôl i'r gofod oddi ar arwyneb y cefnforoedd, ond mae'r tir yn amsugno rhywfaint.

Yna, mae'r golau gweladwy a gafodd ei amsugno'n cael ei allyrru eto gan y tir yn ôl i'r atmosffer, ond ar donfedd lawer hirach – fel pelydriad isgoch.

Caiff rhywfaint o'r pelydriad isgoch tonfedd hirach ei adlewyrchu'n ôl i'r Ddaear gan yr haen o garbon deuocsid a nwyon tŷ gwydr eraill fel methan ac anwedd dŵr yn ein hatmosffer – yn debyg i olau haul yn cael ei adlewyrchu gan wydr y tŷ gwydr.

Mae egni gweladwy o'r Haul yn mynd drwy'r gwydr ac yn cynhesu'r llawr

Mae peth o'r egni isgoch o'r llawr yn cael ei adlewyrchu'n ôl gan y gwydr, ac mae rhywfaint ohono'n cael ei ddal y tu mewn i'r tŷ gwydr

↑ Yr effaith tŷ gwydr

Beth yw'r berthynas rhwng yr effaith tŷ gwydr a chynhesu byd-eang?

Canlyniad cyffredinol yr effaith tŷ gwydr yw fod mwy a mwy o egni'r Haul yn cael ei amsugno gan y Ddaear a'i hatmosffer – gan achosi cynnydd cyffredinol yn nhymheredd y Ddaear – cynhesu byd-eang!

Awgrym arholwr

Os ydych chi'n credu bod angen i chi lunio diagram i'ch helpu i ateb cwestiwn, gwnewch hynny – mae hyd yn oed diagram bach ar ymyl y dudalen yn gallu helpu. Os yw'r arholwr yn disgwyl i chi lunio diagram, bydd y cwestiwn yn dweud hynny a bydd digon o le i chi ei lunio.

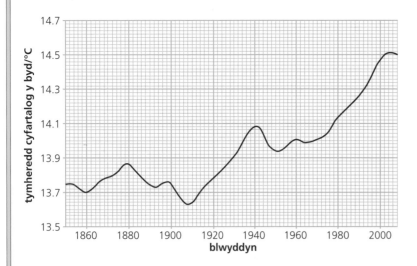

↑ Cynhesu byd-eang

Mae cyfnodau o gynhesu byd-eang (wedi'u dilyn gan oeri byd-eang – oesoedd iâ) wedi digwydd yn gyson yn hanes y Ddaear. Mae cydberthyniad agos iawn rhwng faint o garbon deuocsid sydd yn yr atmosffer a thymheredd cyfartalog y byd. **Fodd bynnag**, mae lefel y nwyon tŷ gwydr yn yr atmosffer wedi cynyddu ers dechrau'r Chwyldro Diwydiannol, gan godi'n arbennig o gyflym dros y degawdau diwethaf. Mae lefelau carbon deuocsid yn yr atmosffer yn codi oherwydd gweithgarwch dynol fel:

● y cynnydd cyflym yn yr arfer o losgi tanwyddau ffosil mewn gorsafoedd trydan i gynhyrchu trydan

● y cynnydd yn y defnydd o geir, faniau a lorïau sy'n llosgi tanwyddau fel petrol a diesel

● dinistrio ardaloedd helaeth o goedwigoedd trofannol i gael pren ac i gynhyrchu tir amaethyddol.

Awgrym arholwr

Cofiwch, mewn cwestiynau Ansawdd Cyfathrebu Ysgrifenedig fel Cwestiwn **24**, bydd yr arholwyr yn chwilio am eglurhad clir. Os cewch chi'r ffeithiau sylfaenol yn gywir ond nad yw eich eglurhad yn glir neu fod diffyg manylion ynddo, gallwch chi golli marciau. Gweler tudalennau 110–111 am fwy o gymorth i ateb cwestiynau ACY.

Profi dealltwriaeth
Profwyd

Darllenwch yr erthygl ganlynol am yr Eden Project yng Nghernyw.

Mae'r Eden Project yng Nghernyw yn gartref i rai o'r tai gwydr (bïomau) mwyaf, ac yn sicr y rhai mwyaf trawiadol, yn y byd. Mae'r tŷ gwydr mwyaf yn cadw planhigion trofannol ar dymheredd cyfartalog o 24 °C.

Mae'r tymheredd yn cael ei reoli mewn nifer o ffyrdd, ond does dim angen llawer o egni allanol o gwbl i gadw'r tymheredd yn uchel. Y rheswm am hyn yw fod y bïomau, fel pob tŷ gwydr, yn gadael pelydriad o'r Haul i mewn ond dydyn nhw ddim yn gadael iddo ddianc yn hawdd. O ganlyniad, mae tŷ gwydr bob amser yn boethach na'i hamgylchoedd – sy'n egluro'r enw 'effaith tŷ gwydr'.

Yn wahanol i dai gwydr traddodiadol, mae bïomau'r Eden Project wedi'u gwneud o blastig tryloyw, sy'n gweithredu mewn modd tebyg iawn i'n hatmosffer.

Mae'r amodau y tu mewn i'r bïom trofannol yn cael eu newid mwy byth gan y chwistrellwyr dŵr sy'n cynyddu'r lleithder yn y bïom yn gyson, er mwyn atgynhyrchu amodau coedwig law drofannol.

20 Beth yw'r gwahaniaeth rhwng y pelydriad sy'n cael ei amsugno gan lawr y bïom a'r pelydriad mae'n ei allyrru? *(2 farc)*

21 Pam mae rhywfaint o'r pelydriad sy'n cael ei allyrru gan lawr y bïom yn cael ei adlewyrchu'n ôl i mewn i'r bïom? *(1 marc)*

22 a) Yn y model tŷ gwydr o gynhesu byd-eang, pa ran o'r bïom sy'n debyg i'r atmosffer? *(1 marc)*

   b) Ym mha ffyrdd mae atmosffer y Ddaear yn wahanol i'r bïom? *(1 marc)*

23 Eglurwch pam byddai'r chwistrellwyr dŵr yn y bïom trofannol yn yr Eden Project yn cynyddu'r effaith tŷ gwydr y tu mewn i'r bïom. *(2 farc)*

24 Eglurwch, gyda rhesymau, **dri** o ganlyniadau cynhesu byd-eang drwy gyfrwng yr effaith tŷ gwydr. *(6 marc ACY)*

Ewch ar lein i gael yr atebion
Ar lein

Cyfathrebiadau

Mae ein cymdeithasau modern wedi dod i arfer â chyfathrebu sydyn. Gallwch chi ddefnyddio eich ffôn symudol i ffonio rhywun yn Awstralia o ble bynnag rydych chi yn y DU. Mae gohebwyr newyddion y BBC yn gallu adrodd y newyddion yn fyw o bedwar ban byd drwy gyfrwng rhwydwaith cymhleth o loerenni a chysylltau ffibr optegol.

Lloerenni cyfathrebu

Adolygwyd

Mae cyfathrebu drwy loeren yn defnyddio microdonnau. Mae'r lloeren yn cael ei gosod mewn orbit geocydamseredig (geosefydlog), sy'n golygu bod y lloeren yn cymryd 24 awr i gwblhau orbit – yr un amser ag mae'r Ddaear yn ei gymryd i gylchdroi ar ei hechel. O ganlyniad, os byddwch chi'n edrych ar y lloeren o'r Ddaear bydd yn ymddangos fel ei bod yn aros yn llonydd yn yr awyr. Caiff signalau microdon eu hanfon o ddysgl Gorsaf Ddaear, fel y rhai yng Nghanolfan Cyfathrebu BT yn Madley yn Swydd Henffordd. Bydd y lloeren yn canfod y signal microdon ac yn ei allyru eto drwy ddysgl arall ar y lloeren yn ôl tuag at y Ddaear.

> **Awgrym arholwr**
>
> Byddwch yn ofalus wrth ateb cwestiynau am y pwnc hwn – peidiwch â drysu rhwng cyfathrebu lloeren (sy'n defnyddio microdonnau) a theledu a radio daearol (sy'n defnyddio tonnau radio).

Ffibrau optegol

Adolygwyd

Mae cysylltau ffibr optegol yn gweithio drwy anfon signalau ffôn ar ffurf tonnau isgoch ar hyd ffibrau optegol. Mae'r tonnau isgoch yn adlewyrchu oddi ar arwynebau mewnol y ffibr. Er mwyn i ffibrau optegol weithio ledled y byd, mae ceblau hir (sydd wedi'u gwneud o filoedd o fân linynnau o ffibr gwydr) wedi cael eu gosod ar draws cyfandiroedd ac o dan y cefnforoedd.

Mae cyfathrebu drwy ffibrau optegol yn llawer cyflymach na chyfathrebu drwy loeren, ond mae oediad amser yn signalau'r ddwy system.

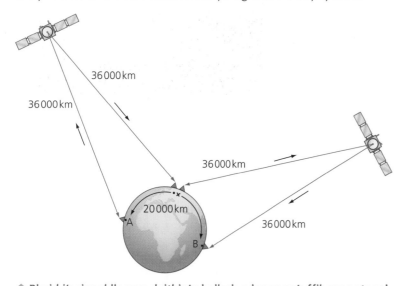

36 000 km
36 000 km
36 000 km
20 000 km
A
B
36 000 km

↑ **Rhaid i'r signal lloeren deithio'n bellach o lawer na'r ffibrau optegol**

> **Awgrym arholwr**
>
> Gwnewch yn siŵr eich bod chi'n dod â phren mesur i'r arholiad – mae arholwyr yn disgwyl gweld llwybrau signalau wedi'u llunio mewn llinellau syth!

Ffonau symudol

Mae ffonau symudol yn gweithio drwy drawsyrru signalau microdon ar bŵer isel i fast gorsaf ganolog leol. Mae pob gorsaf ganolog wedi'i chysylltu â Swyddfa Switsio Ffonau Symudol (*Mobile Telephone Switching Office*: MTSO), ac mae'r rhain yn defnyddio cysylltau ffibr optegol i gyfathrebu â'i gilydd. Mae'r system ffonau symudol yn tracio ble mae pob ffôn symudol drwy'r amser – a chaiff y signal ei anfon i'r orsaf ganolog agosaf sydd yna'n anfon signal microdon arall i'r ffôn sy'n derbyn.

Mae manteision i anfon signalau drwy ffibr optegol o'i gymharu ag anfon signalau ffôn traddodiadol drwy wifrau oherwydd:

● Mae llinellau ffibr optegol yn defnyddio llai o egni.

● Mae angen llai o gyfnerthwyr arnynt.

● Does dim sgyrsiau croes (ymyriant) â cheblau cyfagos.

● Maen nhw'n anodd eu bygio.

● Maen nhw'n pwyso llai ac felly'n haws eu gosod.

Awgrym arholwr

Mae Cwestiwn **27** yn gwestiwn haen uwch gan ei fod yn cynnwys aildrefnu hafaliad a defnyddio ffurf safonol. Gwnewch yn siŵr eich bod chi'n gwirio pob cyfrifiad ar eich cyfrifiannell i sicrhau eich bod chi wedi teipio'r rhifau'n gywir.

Profi dealltwriaeth

25 Mae lloeren geocydamseredig (geosefydlog) yn anfon signalau o A i B.

a) Faint o amser mae'n ei gymryd i'r lloeren hon gwblhau un orbit o amgylch y Ddaear? *(1 marc)*

b) **Ychwanegwch at y diagram** i ddangos sut mae **A** yn anfon signalau i **B** drwy'r lloeren. *(1 marc)*

c) Enwch y don electromagnetig sy'n cael ei defnyddio i anfon signalau i loerenni. *(1 marc)*

26 Mae tonnau electromagnetig yn cael eu defnyddio i anfon signalau teledu.

a) Enwch y rhan o'r sbectrwm sy'n cludo signalau teledu drwy loeren? *(1 marc)*

b) Enwch y rhan o'r sbectrwm sy'n cludo signalau teledu o drosglwyddydd i erial? *(1 marc)*

c) Enwch y rhan o'r sbectrwm sy'n cludo signalau teledu drwy geblau ffibr optegol? *(1 marc)*

27 Mae'r cwestiwn hwn yn ymwneud â cyfathrebu pellter hir rhwng dau bwynt ar arwyneb y Ddaear, A a B, drwy ddefnyddio cysylltau lloeren a ffibrau optegol.

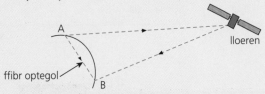

a) Mae gwybodaeth yn cael ei throsglwyddo o A i B drwy ddefnyddio lloeren mewn orbit geocydamseredig (geosefydlog) 3.6×10^4 km uwchben arwyneb y Ddaear. Mae microdonnau'n cludo'r wybodaeth ar fuanedd o 3×10^8 m/s o A i B drwy'r lloeren. Ysgrifennwch hafaliad priodol a'i ddefnyddio i gyfrifo'r oediad amser rhwng anfon a derbyn y wybodaeth. *(4 marc)*

b) i) Gallai'r wybodaeth hefyd fod wedi cael ei hanfon o A i B drwy ffibr optegol trawsgyfandirol sy'n cysylltu A a B. Mae signal isgoch yn cludo'r wybodaeth ar fuanedd o 2×10^8 m/s. Rhowch reswm pam mae'r oediad amser rhwng anfon a derbyn y signal hwn yn llawer byrrach na'r un a gyfrifwyd yn rhan **a**). *(1 marc)*

ii) Nodwch **ddwy** fantais arall o ddefnyddio ffibrau optegol i anfon gwybodaeth dros bellter hir. *(2 farc)*

Ewch ar lein i gael yr atebion

Pelydriad sy'n ïoneiddio

Beth yw pelydriad?

Adolygwyd

Pelydriad yw'r term cyffredinol sy'n cael ei ddefnyddio i ddisgrifio allyriad tonnau'r sbectrwm electromagnetig a'r egni sy'n cael ei ryddhau gan ddefnyddiau ymbelydrol.

Pelydriad sy'n ïoneiddio yw'r term a roddir i rannau tonfedd fer y sbectrwm electromagnetig (uwchfioled, pelydr X a phelydrau gama) ac i allyriadau ymbelydrol alffa (α), beta (β) a gama (γ). Mae **egni**'r mathau hyn o belydriad mor **uchel** fel y gallant wefru atomau (eu hïoneiddio nhw) drwy dynnu electronau oddi arnynt. Os yw hyn yn digwydd mewn celloedd byw, mae'r celloedd yn gallu mwtanu (gyda'r posibilrwydd o achosi canser) neu farw.

Dadfeiliad ymbelydrol

Mae **dadfeiliad ymbelydrol** yn digwydd pan mae niwclysau atomig **ansefydlog** yn dadfeilio drwy allyrru gronynnau alffa, gronynnau beta neu belydrau gama. Mae dadfeiliad ymbelydrol yn digwydd **ar hap** – mae'n amhosibl dweud a fydd un atom penodol yn dadfeilio, ond os oes gennych chi nifer mawr o'r un atomau gallwch chi ddweud pa gyfran o'r atomau fydd yn dadfeilio mewn cyfnod penodol. Wrth gynnal arbrofion sy'n cynnwys mesur dadfeiliad ymbelydrol, mae natur hap a damwain y dadfeilio'n golygu bod rhaid ailadrodd darlleniadau dros gyfnodau hir a chymryd cyfartaledd y canlyniadau.

Pŵer treiddio

Mae'n bosibl gwahaniaethu rhwng ymbelydredd alffa (α), ymbelydredd beta (β) a phelydriad gama (γ) yn ôl eu pŵer i dreiddio i wahanol ddefnyddiau. Alffa yw'r lleiaf treiddiol, a bydd dalen denau o bapur neu rai centimetrau o aer yn ei atal. Bydd rhai milimetrau o alwminiwm neu Bersbecs yn atal ymbelydredd beta. Pelydrau gama yw'r mwyaf treiddiol – maen nhw'n gallu treiddio drwy sawl centimetr o blwm.

Gan mai pelydrau gama yw'r mwyaf treiddiol, maen nhw fel rheol yn mynd yn syth drwy'r corff heb achosi llawer o ddifrod. Ymbelydredd alffa sy'n achosi'r difrod mwyaf os aiff i mewn i'r corff gan ei fod yn cael ei amsugno'n rhwydd gan gelloedd y corff.

> **Awgrym arholwr**
>
> Os cewch chi gwestiwn sy'n gofyn i chi ddewis atebion o restr, mae'n bwysig eich bod chi'n darllen y dewisiadau'n ofalus iawn. Weithiau bydd y dewisiadau i gyd yn ymddangos yn ddilys, ac felly rhaid i chi eu darllen nhw'n ofalus i ddod o hyd i'r ateb cywir.

Pelydriad cefndir

Adolygwyd

Mae pelydriad sy'n ïoneiddio i'w gael yn naturiol ym mhobman o'n cwmpas ni. Rydym ni wedi ein hamgylchynu drwy'r amser gan atomau ymbelydrol sy'n dadfeilio gan allyrru ymbelydredd alffa, beta neu gama. Gall hyn ddod o'n bwyd, o adeiladau ac o'r ddaear, yn ogystal â'r pelydriad ïoneiddio sy'n dod o'r gofod (sef pelydrau cosmig).

Mae pelydriad cefndir hefyd yn dod o ffynonellau gwneud. Mae meddygaeth niwclear, pelydrau X, atomfeydd a gweithfeydd ailbrosesu, a ffrwydradau arfau niwclear i gyd yn cyfrannu at gyfanswm y pelydriad cefndir. Fodd bynnag, mae'r rhan fwyaf o gyfanswm ein pelydriad cefndir yn dod o'r creigiau a'r pridd o'n cwmpas ni. Mae'r rhain yn cynnwys atomau wraniwm sy'n dadfeilio i ffurfio nwy radon yn y pen draw, sy'n ymbelydrol, ac rydym ni'n ei anadlu i mewn.

Rydym ni'n defnyddio'r cysyniad o '**dos**' i fesur faint o belydriad rydym ni'n ei gael. Mae dos yn fesur o faint o egni rydym ni'n ei gael o'r pelydriad sy'n ïoneiddio – ac mae'n dibynnu ar y pelydriad cefndir lleol. Os ydym ni'n byw mewn ardal â llawer o greigiau gwenithfaen sy'n cynnwys lefelau uchel o wraniwm, byddwn ni'n cael dos uwch o'r nwy radon mae'r creigiau'n ei allyrru.

Wrth gynnal arbrofion sy'n mesur dadfeiliad ymbelydrol, rhaid cymryd y pelydriad cefndir hwn i ystyriaeth. Cyn cynnal unrhyw arbrofion, rhaid mesur y cyfrif cefndir ymbelydrol lleol a thynnu'r gwerth hwn o'r cyfrifon sy'n cael eu gwneud wedi hynny.

Gwastraff niwclear

Adolygwyd

Bydd y defnyddiau gwastraff sy'n cael eu cynhyrchu gan adweithyddion niwclear yn aros yn ymbelydrol am amser maith iawn. Mae tua 0.8% o roden danwydd ddarfodedig (wedi'i disbyddu) yn wraniwm-235, sy'n aros yn ymbelydrol am filiynau o flynyddoedd. Yn wir, mae'n cymryd tua 703 800 000 o flynyddoedd i ymbelydredd sampl o wraniwm-235 haneru. Mae'n cymryd tua phum gwaith y gwerth hwn, tua 3 500 000 000 o flynyddoedd, i'r ymbelydredd ddisgyn i lefel sy'n eithaf agos at y pelydriad cefndir sy'n bodoli'n naturiol. Mae hyn yn golygu bod rhaid storio gwastraff niwclear ymbelydrol am amser maith iawn mewn cyfleusterau storio cadarn iawn â waliau concrit trwchus wedi'u leinio â phlwm, er mwyn atal ymbelydredd (alffa, beta a gama) rhag dianc i'r atmosffer. Mae'n bosibl iawn mai storio tanddaearol fydd yr unig ateb.

Awgrym arholwr

Cofiwch, mewn cwestiynau Ansawdd Cyfathrebu Ysgrifenedig fel Cwestiwn **28** rhan **c**), bydd yr arholwyr yn chwilio am eglurhad clir. Os cewch chi'r ffeithiau sylfaenol yn gywir ond nad yw eich eglurhad yn glir neu fod diffyg manylion ynddo, gallwch chi golli marciau. Gweler tudalennau 110–111 am fwy o gymorth i ateb cwestiynau ACY.

Profi dealltwriaeth

Profwyd

28 Mae rhai elfennau ymbelydrol yn allyrru mwy nag un math o ymbelydredd. Cafodd rhifydd Geiger ei ddefnyddio i ymchwilio i'r ymbelydredd sy'n cael ei allyrru o ffynhonnell arbennig sy'n cael ei gosod yn agos at y canfodydd.

Mae'r tabl yn dangos nifer cyfartalog y cyfrifon bob munud pan fydd amsugnwyr gwahanol yn cael eu rhoi rhwng y ffynhonnell a'r canfodydd. Mae'r ffigurau i gyd wedi'u cywiro i ganiatáu am belydriad cefndir.

Cyfrif gwreiddiol/mun. heb amsugnydd	Cyfrif/mun. gydag amsugnydd papur	Cyfrif/mun. gydag amsugnydd alwminiwm 3 mm	Cyfrif/mun. gydag amsugnydd plwm 1 cm	Cyfrif/mun. gydag amsugnydd plwm 2 cm
1000	900	900	200	40

a) i) Nodwch faint mae 1 cm o blwm yn newid y gyfradd cyfrif wreiddiol? *(1 marc)*

ii) Pa fath o ymbelydredd sy'n mynd drwy 1 cm o blwm? *(1 marc)*

b) i) Nodwch faint o'r gyfradd cyfrif gwreiddiol oedd yn cael ei gynhyrchu gan belydriad gama. *(1 marc)*

ii) Eglurwch eich ateb. *(2 farc)*

c) Mae'r ffigurau yn yr arbrawf i gyd 'wedi'u cywiro ar gyfer pelydriad cefndir'. Nodwch yn glir beth yw ystyr hyn ac eglurwch pam mae'n cael ei wneud, a nodwch beth yw pelydriad cefndir gan roi ei ffynonellau. *(6 marc ACY)*

Ewch ar lein i gael yr atebion

Ar lein

Maint y Bydysawd

Cysawd yr Haul

Mae'r Bydysawd yn lle mawr iawn – byddai'n cymryd tuag 13.75 mil o filiynau (13.75 biliwn) o flynyddoedd i olau deithio o'r Ddaear i'r man pellaf y gallwn ei arsylwi ar ymyl y Bydysawd!

Enw ein darn lleol ni o'r Bydysawd yw Cysawd yr Haul. Y prif bethau yng Nghysawd yr Haul yw:

- 1 seren – yr Haul
- 8 planed – Mercher, Gwener, y Ddaear, Mawrth, Iau, Sadwrn, Wranws a Neifion
- 146 lleuad (lloeren naturiol planed yw lleuad)
- 5 planed gorrach, gan gynnwys Plwton
- gwregys asteroidau – rhwng Mawrth ac Iau
- llawer o gomedau a lympiau bach eraill o greigiau a llwch rhwng y planedau
- 'lleugylch' o greigiau, iâ a llwch o amgylch Cysawd yr Haul, sef Cwmwl Oort.

Patrymau yng Nghysawd yr Haul

Gallwn ganfod llawer o batrymau a thueddiadau yng Nghysawd yr Haul drwy ddadansoddi'r data am y planedau a'r lleuadau. Mae llawer o'r patrymau hyn yn gysylltiedig â'r egni sy'n cael ei ryddhau gan yr Haul ac â phellter pob planed o'r Haul. Y pellaf yw planed oddi wrth yr Haul, yna'r oeraf yw tymheredd cyfartalog arwyneb y blaned honno (heblaw Gwener sydd ag atmosffer trwchus ac effaith tŷ gwydr anferth). Mae'r egni o'r Haul yn gwasgaru wrth iddo fynd yn bellach o'r Haul. Felly, bydd llai o egni i bob metr sgwâr o arwynebedd gan blaned bell nag sydd gan blaned agos.

Y pellaf yw planed o'r Haul, yr hiraf yw ei blwyddyn. (Un o'r rhesymau dros hyn yw fod y blaned yn gorfod teithio'n llawer pellach i gwblhau un orbit o'r Haul.)

Mesur pellteroedd yn y Bydysawd

- **Radiws y Ddaear, R_e** – caiff maint planed ei fesur o'i gymharu â'r Ddaear, felly mae radiws Iau = 11 R_e. Mae cymharu â dimensiynau'r Ddaear yn ffordd dda o gymharu mesuriadau'r planedau.

- **Unedau seryddol, AU (*Astronomical Units*)** – dyma bellter cyfartalog y Ddaear o'r Haul. Rydym ni'n defnyddio'r uned hon i fesur pellterau yng Nghysawd yr Haul. Mae Neifion, y blaned bellaf, yn 30 AU o'r Haul ac mae Cwmwl Oort yn ymestyn dros 100 000 AU! (1 AU = 1.5×10^{11} m.)

- **Blynyddoedd golau, ly** – y flwyddyn golau yw'r pellter mae golau'n ei deithio mewn blwyddyn – 9.47×10^{15} m. Rydym ni'n defnyddio'r uned hon i fesur pellteroedd i'n sêr agosaf ac o fewn ein galaeth ni o sêr, y Llwybr Llaethog. Proxima Centauri yw'r seren agosaf at yr Haul ac mae honno 4.2 ly i ffwrdd. Mae diamedr Cysawd yr Haul tua 4 ly, ac mae diamedr y Llwybr Llaethog tua 100 000 ly!

Awgrym arholwr

Yng Nghwestiwn **29**, gofalwch eich bod chi'n astudio'r diagram yn ofalus – dim ond dwy o'r planedau sydd wedi'u dangos. Os cewch chi gwestiwn fel hwn yn yr arholiad, gallech chi fraslunio'r planedau eraill ar y papur arholiad.

Mae ein galaeth yn rhan o 'Grŵp Lleol' o alaethau, sydd tua 10 miliwn ly ar draws, ac mae'r Grŵp Lleol yn rhan o Uwchglwstwr Virgo o glystyrau galaethau, sydd tua 110 miliwn ly ar draws. Uwchglwstwr Virgo yw un o'r ffurfiadau mwyaf y gellir ei arsyllu yn y Bydysawd. Mae ymyl y Bydysawd arsylladwy tua 13 750 miliwn ly i ffwrdd.

29 Mae'r diagram yn dangos orbitau Mawrth a Neifion o amgylch yr Haul.

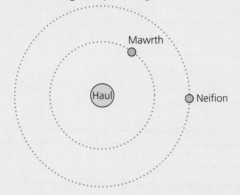

a) Mae tair planed rhwng Mawrth a Neifion. O'r tair:

  i) enwch y blaned sydd agosaf at Fawrth. *(1 marc)*

  ii) enwch y blaned sydd agosaf at Neifion. *(1 marc)*

b) Mae Neifion yn fwy na Mawrth ac yn bellach oddi wrth yr Haul. Rhowch **ddau** wahaniaeth arall rhwng Neifion a Mawrth. *(2 farc)*

30 Mae'r tabl yn rhoi data am chwech o'r planedau yng Nghysawd yr Haul.

Planed	Pellter o'r Haul (miliwn km)	Amser un orbit (blwyddyn)	Hyd diwrnod (oriau)	Tymheredd arwyneb cyfartalog (°C)
Mercher	40	0.24	1420	197
Gwener	110	0.62	5930	462
Y Ddaear	150	1.0	24	15
Mawrth	228	1.9	24.5	−23
Iau	778	11.9		−120
Sadwrn	1427	29.5	10.2	−180

a) Mae Ceres yn blaned gorrach. Mae mewn orbit o amgylch yr Haul ar bellter o 410 miliwn km.

  i) Awgrymwch werthoedd ar gyfer amser ei horbit a thymheredd ei harwyneb. *(1 marc)*

  ii) Eglurwch eich atebion. *(2 farc)*

b) Mae'n bosibl defnyddio'r tabl i ddadansoddi patrymau yng Nghysawd yr Haul.

  i) Plotiwch graff i ddangos sut mae'r amser mae planed yn ei gymryd i gwblhau un orbit o amgylch yr Haul yn dibynnu ar y pellter o'r Haul, **ar gyfer y pedair planed gyntaf yn unig**. *(3 marc)*

  ii) Eglurwch sut mae'r graff yn dangos nad yw amser yr orbit mewn cyfrannedd union â phellter planed o'r Haul. *(1 marc)*

  iii) Oes digon o wybodaeth yn y **tabl** i amcangyfrif hyd diwrnod ar Iau? Rhowch reswm am eich ateb. *(1 marc)*

Ewch ar lein i gael yr atebion   Ar lein

Mesur y Bydysawd, y Glec Fawr

Mesur y Bydysawd

Adolygwyd

Yn 1929 defnyddiodd y seryddwr, Edwin Hubble, dechneg o'r enw **sbectrosgopeg serol** i wneud y mesuriadau go-iawn cyntaf o faint y Bydysawd. Roedd Hubble yn gwybod bod **tonfeddi penodol** iawn gan y golau sy'n cael ei **amsugno** a'i **allyrru** gan nwyon poeth, a bod y tonfeddi (a'r lliwiau) hyn yn gofnod unigryw o'r elfennau sydd mewn nwy – fel ôl bys i bob elfen!

Yn ystod y bedwaredd ganrif ar bymtheg, roedd seryddwyr wedi darganfod eu bod nhw'n gallu defnyddio sbectrosgopeg serol i ganfod cyfansoddiad sêr. Mae sbectrwm pob seren yn cynnwys llinellau du, lle mae tonfeddi wedi cael eu dileu o'r sbectrwm di-dor gan yr elfennau sy'n rhan o gyfansoddiad seren – enw'r sbectrwm hwn yw'r sbectrwm amsugno. Drwy gymharu'r sbectra amsugno hyn â sbectra gwahanol elfennau yma ar y Ddaear, mae seryddwyr yn gallu dweud pa elfennau sy'n bresennol yn y seren.

Hubble oedd y cyntaf i ddefnyddio sbectrosgopeg serol i fesur buanedd galaethau oddi wrth y Ddaear drwy ddefnyddio ffenomenon o'r enw **rhuddiad**. Roedd yn ymddangos bod sbectra amsugno llawer o sêr wedi'u dadleoli neu eu 'symud' i donfeddi ychydig yn hirach (tuag at ben coch y sbectrwm, sef 'rhuddiad') oherwydd bod y sêr yn y galaethau'n symud i ffwrdd oddi wrth y Ddaear.

Deddf Hubble

Astudiodd Hubble lawer o alaethau a'u plotio yn erbyn eu pellter o'r Ddaear. Fe wnaeth ddarganfod bod perthynas rhwng buanedd yr alaeth a'i phellter oddi wrth y Ddaear. Nawr, rydym ni'n galw hyn yn Ddeddf Hubble:

> 'Mae buanedd yr enciliad (recession) mewn cyfrannedd union â phellter yr alaeth oddi wrth y Ddaear.'

> neu 'Mae'r cynnydd yn y rhuddiad mewn cyfrannedd union â'r pellter oddi wrth y Ddaear.'

Hubble hefyd oedd y cyntaf i roi rheswm am y patrwm hwn mewn rhuddiad 'cosmolegol'. Damcaniaeth Hubble oedd fod y cynnydd mewn rhuddiad gyda phellter yn digwydd oherwydd bod y Bydysawd yn ehangu ers y Glec Fawr – wrth i'r Bydysawd ehangu, mae tonfedd y pelydriad yn cael ei hestyn!

Y Glec Fawr

Adolygwyd

Cafodd damcaniaeth y Glec Fawr am ffurfio'r Bydysawd, ac am sut mae wedi esblygu wedi hynny, ei chynnig fel ffordd o egluro mesuriadau Hubble a'i ddeddf. Os dechreuodd y Bydysawd â ffrwydrad enfawr, dylai fod yn dal i ehangu heddiw. Mae rhuddiad cosmolegol yn dangos bod y gyfradd ehangu'n cynyddu; hynny yw, mae ehangiad y Bydysawd yn 'cyflymu'.

Mae damcaniaeth y Glec Fawr hefyd yn rhagfynegi y byddai symiau enfawr o egni, ar ffurf pelydrau gama egni uchel, wedi cael eu cynhyrchu adeg y Glec Fawr. Wrth i'r Bydysawd ehangu, gan estyn ffabrig y gofod, cafodd tonfedd y pelydrau gama ei hestyn hefyd – y rhuddiad cosmolegol. Dros 13.75 biliwn o flynyddoedd o ehangu, mae'r donfedd wedi ymestyn gymaint nes bod gweddillion cefndir y pelydrau gama hyn bellach â thonfedd microdonnau. Dyma'r Pelydriad Cefndir Microdonnau Cosmig (*Cosmic Microwave Background Radiation*: CMBR) a gafodd ei ddarganfod yn anfwriadol gan Arno Penzias a Robert Wilson yn 1964. Fe wnaethant ddarganfod bod yr un signal cefndir yn cael ei ganfod, ble bynnag roedden nhw'n pwyntio eu canfodydd microdonnau. Daethant i'r casgliad cyflym fod y signalau hyn yn weddillion y pelydrau gama a gafodd eu cynhyrchu adeg y Glec Fawr, wedi eu troi'n ficrodonnau gan ruddiad cosmolegol!

31 Yn 1842, dywedodd yr athronydd Auguste Comte ein bod ni'n gallu mesur pellter a mudiant planedau a sêr, ond na fyddem ni byth yn gwybod dim am eu cyfansoddiad. Ddau ddeg wyth o flynyddoedd yn gynharach, roedd y gwyddonydd o'r Almaen, Fraunhofer, wedi sylwi ar linellau tywyll yn sbectrwm yr Haul. Yn ddiweddarach, byddai seryddwyr yn defnyddio'r llinellau hyn i brofi bod yr athronydd yn anghywir. Mae'r diagram yn dangos (mewn llwyd) sbectrwm yr Haul gyda'r 'llinellau Fraunhofer' hyn a graddfa tonfedd.

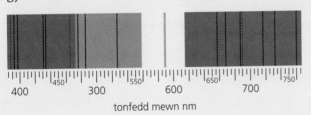

tonfedd mewn nm

a) Eglurwch sut mae llinellau Fraunhofer yn cael eu ffurfio a sut maen nhw'n dweud wrthym am gyfansoddiad yr Haul.   *(2 farc)*

b) Aeth seryddwr ati i arsylwi sbectra dwy alaeth oedd newydd gael eu darganfod. Gwelodd fod 'rhuddiad' i'w weld yn llinellau sbectra'r ddwy alaeth o'u cymharu â sbectrwm ffynhonnell golau yn y labordy. Mae'r diagram yn dangos yr un rhan o'r sbectrwm o'r tair ffynhonnell uchod. Beth allai'r gwyddonwyr ei ddiddwytho am bellter y ddwy alaeth o'n galaeth ni? Eglurwch eich ateb.   *(3 marc)*

sbectrwm y labordy	fioled	coch
sbectrwm galaeth 1	fioled	coch
sbectrwm galaeth 2	fioled	coch

32 Mae'r diagram yn dangos llinellau tywyll sydd i'w gweld ar sbectrwm gweladwy seren.

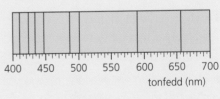

400   450   500   550   600   650   700
tonfedd (nm)

(1 marc)

a) Cwblhewch y tabl isod. Enwch yr elfennau sy'n bresennol yn y seren drwy roi **Ie** neu **Nage** yng ngholofn olaf pob rhes.

Elfen	Tonfeddi (nm)	Presennol yn y seren?
Heliwm	447, 502	
Haearn	431, 467, 496, 527	
Hydrogen	410, 434, 486, 656	
Sodiwm	590	

b) Eglurwch sut a pham byddai'r llinellau tywyll hyn yn ymddangos mewn safleoedd gwahanol yn sbectrwm seren mewn galaeth bell.   *(2 farc)*

Cwestiynau 'Ansawdd Cyfathrebu Ysgrifenedig'

Bydd pob papur arholiad yn cynnwys o leiaf un cwestiwn 'Ansawdd Cyfathrebu Ysgrifenedig' (mae dau ar bapurau haen uwch). Mae'r rhain i gyd yn werth **6 marc**, a chaiff y marciau eu rhoi **am ba mor dda rydych chi'n egluro eich hun** ac am **sillafu**, **gramadeg** ac **atalnodi** cywir. Yn y llyfr hwn, fe welwch chi 'ACY' wrth ochr y cwestiynau hyn.

Mae cynllun marcio pob un o'r cwestiynau hyn yr un fath yn y bôn, ond wrth reswm bydd y wyddoniaeth yn amrywio. **Cynnwys mynegol** yw'r enw sy'n cael ei roi i'r wyddoniaeth briodol yn y cynllun marcio. Yno mae'r cynnwys mynegol yn ymddangos fel pwyntiau bwled, ond **rhaid i chi** ysgrifennu eich ateb fel testun estynedig **bob amser**.

Dyma enghraifft o ateb disgybl a sut byddai'n cael ei farcio.

Cwestiwn

Mae rhai pobl wedi awgrymu y gallem ni ailgylchu plastigion gwastraff a'u defnyddio i gynhyrchu tai'n rhad ac yn gyflym. Gwerthuswch y ffordd bosibl hon o ddefnyddio plastigion gwastraff. *(6 marc ACY)*

Dylai eich ateb gyfeirio at:

● priodweddau plastigion

● beth sy'n digwydd i'r rhan fwyaf o blastigion ar ôl iddynt gael eu defnyddio

● yr angen i ddefnyddio adnoddau naturiol y Ddaear yn y ffordd orau bosibl.

Cynllun marcio · Adolygwyd ☐

Cynnwys mynegol:

Dyma'r wyddoniaeth y gallech chi ei defnyddio yn yr ateb, ond does dim rhaid i chi ei defnyddio *i gyd*. Cofiwch, mae angen i chi ysgrifennu eich ateb mewn brawddegau llawn, nid mewn pwyntiau bwled.

● Cyfeirio at briodweddau defnyddiol plastigion, e.e. gwrthsefyll cyrydiad a'u priodweddau ynysu. Cyfeirio hefyd at y priodweddau hynny nad ydynt yn ddymunol yn yr achos hwn, e.e. hyblygrwydd a dwysedd isel.

● Cyfeirio at y ffaith bod y rhan fwyaf o blastig gwastraff yn cael ei waredu ar hyn o bryd mewn safleoedd tirlenwi neu'n cael ei losgi, ac at anfanteision hyn.

● Cyfeirio at fanteision ailddefnyddio plastig gwastraff, e.e. llai o blastig yn cael ei waredu mewn safleoedd tirlenwi, llai o adnoddau eraill (fel pren a thywod) yn cael eu defnyddio ac felly ar gael at ddibenion eraill.

5–6 marc	Mae'r ymgeisydd yn llunio adroddiad croyw, integredig sy'n cysylltu pwyntiau perthnasol yn gywir, fel y pwyntiau yn y cynnwys mynegol, ac sy'n dangos ymresymu dilyniannol. Mae'r ateb yn mynd i'r afael yn llawn â'r cwestiwn heb unrhyw gynnwys amherthnasol neu fylchau arwyddocaol. Mae'r ymgeisydd yn defnyddio geirfa wyddonol briodol gyda sillafu, atalnodi a gramadeg cywir.
3–4 marc	Mae'r ymgeisydd yn llunio adroddiad sy'n cysylltu rhai pwyntiau perthnasol yn gywir, fel y rhai yn y cynnwys mynegol, gan ddangos peth ymresymu. Mae'r ateb yn mynd i'r afael â'r cwestiwn ond gyda rhai bylchau. Mae'r ymgeisydd yn defnyddio geirfa wyddonol briodol ar y cyfan gyda rhywfaint o sillafu, atalnodi a gramadeg cywir.
1–2 farc	Mae'r ymgeisydd yn gwneud rhai pwyntiau perthnasol, fel y rhai yn y cynnwys mynegol, gan ddangos ymresymu cyfyngedig. Mae'r ateb yn mynd i'r afael â'r cwestiwn gyda bylchau arwyddocaol. Mae'r ymgeisydd yn defnyddio geirfa wyddonol gyfyngedig ac mae gwallau sillafu, atalnodi a gramadeg.
0 marc	Nid yw'r ymgeisydd yn gwneud unrhyw ymgais nac yn rhoi ateb perthnasol sy'n haeddu marc.

Mae gan blastigion nifer o briodweddau a fyddai'n ddefnyddiol i wneud tai. Maen nhw'n gryf ac yn anhyblyg a dydyn nhw ddim yn cael rhwd nac yn cael eu treulio gan y tywydd. Ar hyn o bryd, mae'r rhan fwyaf o blastigion yn cael eu gwaredu mewn safleoedd tirlenwi neu drwy losgi, er bod mwy o ailgylchu'n digwydd y dyddiau yma. Mae defnyddio plastigion gwastraff i adeiladu tai yn fath o ailgylchu a bydd hyn yn helpu i warchod adnoddau naturiol a bydd hefyd yn helpu achos dydy e ddim yn rhoi cymaint o bwysau ar safleoedd tirlenwi a stopio nhw rhag llenwi mor gyflym.

Sylw'r arholwr

Mae ateb y disgybl yn **wyddonol gywir**, er ei fod wedi hepgor rhai pethau – priodweddau plastigion a fyddai'n anaddas mewn tai a pha 'adnoddau naturiol' fyddai'n cael eu gwarchod. Does dim **sylwadau amherthnasol**, ac mae'r pwyntiau wedi'u cysylltu mewn **dilyniant rhesymegol**. Ychydig o **eirfa wyddonol** sy'n cael ei defnyddio (mae 'anhyblyg' yn cael ei ddefnyddio, ond byddai'r ateb wedi gallu cyfeirio at 'gyrydiad' yn lle 'rhwd' a byddai wedi gallu defnyddio'r term 'hindreulio'). Mae **gwall gramadegol** ('cael rhwd') ac mae'r frawddeg olaf yn hir iawn ac yn aneglur – dylai'r disgybl fod wedi ei thorri'n ddwy neu ddefnyddio atalnodau. Mae hyn yn cyfrif fel **gwall atalnodi**.

Mae'n ymddangos bod yr ateb hwn yn ffitio orau yn y band 3–4 marc, a byddai'n cael **4 marc** gan fod popeth yn y band hwnnw wedi'i gyflawni.

> ### Awgrym arholwr
>
> Pan gewch chi gwestiynau 'Ansawdd Cyfathrebu Ysgrifenedig, cofiwch:
> - Cymryd gofal gyda sillafu, gramadeg ac atalnodi.
> - Ceisio rhoi eich syniadau mewn dilyniant rhesymegol, fel bod pob syniad yn dilyn yr un o'i flaen.
> - Defnyddio geirfa wyddonol lle bynnag mae hynny'n bosibl.
> - Egluro eich syniadau'n ofalus, fel ei bod yn hawdd eu deall nhw.
> - Ysgrifennu mewn brawddegau a pharagraffau llawn; peidiwch â defnyddio pwyntiau bwled.

Mae'r adrannau **Profi dealltwriaeth** yn y llyfr hwn yn rhoi llawer o enghreifftiau o'r mathau o gwestiynau ACY a allai ymddangos mewn arholiad. Defnyddiwch nhw i ymarfer ac, os yw'n bosibl, gofynnwch i rywun arall ddweud wrthych chi a ydych chi wedi egluro'r syniadau'n glir. Cofiwch ei bod hi'n anodd barnu eich gwaith ysgrifennu eich hun.

Mynegai